Chère Florence
Je vous confie
cette

# Une femme de mauvaise vie

Maria Tarnowska

celle qui voulait aimer
et que l'on a jugée.

Virginie Roels.

DE LA MÊME AUTRICE

*Les écrits restent alors je resterai*, Stock, 2022.
*La Plume*, Stock, 2017 ; Le Livre de poche, 2019.

Virginie Roels

# Une femme de mauvaise vie
## Maria Tarnowska

Robert Laffont

ISBN : 978-2-221-26759-2
Dépôt légal : avril 2024
Éditions Robert Laffont – 92, avenue de France, 75013 Paris

*À Anouchka*

# Préface

*Le Tarnowska est un petit bar de Venise, à deux pas de l'église Santa Maria del Giglio et des palaces donnant sur le Grand Canal. L'hiver 2019, je pousse sa porte dans l'idée de me réchauffer un peu. À l'intérieur, pas âme qui vive. Les canapés usés, la moquette élimée n'invitent pas vraiment à consommer ; pas plus que le barman, levant à peine le nez de ses comptes. L'unique décoration tient aux coupures de presse couvrant les murs. Toutes relatent une affaire remontant au siècle dernier. En 1907, ici même dans ce palais, un richissime comte fut tué de plusieurs coups de pistolet. Le bar porte le nom de celle qui fut accusée d'avoir commandité son assassinat : Maria Tarnowska. Sa silhouette est en Une des journaux. Une silhouette sombre, emmitouflée dans une large étole de vison, le visage caché par un voile noir accroché à son chapeau. Elle n'a pas encore de visage que déjà son histoire m'intrigue, m'attire. Perdue au milieu des coupures de presse se trouve une photo, plus récente, celle-ci. On y reconnaît Romy Schneider. La comédienne est assise dans une gondole, rieuse, à côté du cinéaste Luchino Visconti. Quel lien existe-t-il entre ces monstres sacrés du cinéma et cette vieille affaire ?*

*De retour en France, je commence mes recherches. Très vite, je mesure que Maria Tarnowska, jugée au printemps 1910 à Venise, fut au centre d'une attention quasi monstrueuse. De Paris à New York, en passant par Londres, Vienne et Moscou, le destin hors du commun de cette jeune comtesse russe obséda la presse, comme elle fascina les artistes de son temps. Dès l'ouverture de son procès au tribunal de Venise, les bancs furent pris d'assaut par le gotha mondain. On y croisa, pêle-mêle, la poétesse américaine Annie Vivanti, le peintre Degas, la divine Sarah Bernhardt, ainsi que les comédiennes Réjane et Emma Gramatica. Elles espéraient reproduire sur scène cette tragédie qui, déjà, enflammait les imaginaires.*

*En 1943, le personnage de la Tarnowska renaît sous la plume de trois géants du cinéma italien. Alors même que la comtesse vit ses dernières années en Argentine, où elle s'est exilée, Luchino Visconti songe à lui consacrer un film. Avec Antonio Pietrangeli, il écrit* Il processo di Maria Tarnowska. *Rejeté par la censure, le film ne se monte pas. Vingt ans plus tard, au sommet de son art, il reprend le scénario avec Michelangelo Antonioni et Guido Piovene. « J'ai toujours aimé cette histoire, raconte le réalisateur. L'histoire exemplaire d'une société mondaine et internationale des débuts du siècle, riche, esthétisante, à la manière de D'Annunzio, qui vivait une vie hédoniste à la veille du désastre et qui fut tuée par le coup de pistolet de Sarajevo. Je tournerai à Vienne, Baden-Baden, Leningrad, Venise, peut-être à Berlin. […] Quelque chose de morbide, de langoureux. De décadent. Un peu défait, presque pourri, mais avec cette violence, cette fièvre que l'on retrouve parfois dans la décomposition. » En 1965, le film entre en production. Visconti confie le rôle à Romy Schneider : « Une très bonne actrice, très adaptée à ce personnage qui doit refléter la beauté douce, presque naïve et, en même temps, la forte personnalité de la comtesse russe. » Avec Romy, ils passent plusieurs semaines en repérage à Venise, contactent Rudolf Noureev pour qu'il participe au projet. Ils tournent quelques scènes, en vain. Faute de financement, le film est définitivement abandonné. Le réalisateur le regrettera toute sa vie. Comme le dira Antonioni : en y renonçant, Visconti « renonça en même temps à une trop grande partie de lui-même ». Romy Schneider ne pourra se résoudre à abandonner le rôle de cette comtesse tourmentée, en prise aux addictions, hantée par ses amours perdues. Elle ira jusqu'à acheter les droits cinématographiques de l'histoire, espérant, à son tour, qu'un jour on racontera enfin la « véritable histoire » de Maria Tarnowska.*

*Virginie Roels*

« Putain russe ! »
« Qu'on la pende ! »

Ils sont des dizaines. Des dizaines de gardes enveloppés de leurs larges capes noires semblables aux ailes repliées d'une chauve-souris. On les a déployés autour du palais de justice pour contenir la foule. Sous leurs yeux, des femmes élégantes se pressent et se serrent contre des badauds, des bourgeois et des putes dans une interminable file d'attente. Tous espèrent décrocher l'un de ces billets blancs qui donnent accès au procès. Une masse mouvante, à perte de vue, qui remonte jusqu'au pont du Rialto. Des vautours à têtes d'hommes, haut perchés. Certains se sont postés là depuis la veille, ont dormi à même la pierre pour ne pas rater la gondole qui amènera Maria Tarnowska de sa prison. La vague humaine dévale les marches, de l'autre côté du pont, serpente dans les rues adjacentes, un courant continu d'ombrelles, de chapeaux de feutre. Elle finit sa course Campo Bella Vienna, en s'écrasant contre la grille qui protège l'entrée du tribunal.

Leurs visages curieux s'abattent sur Maria dans un va-et-vient de râles, charriant odeurs de transpiration et parfums sucrés. Bouches gueulantes, invective de la foule :

« Tarnowska… Tarnowska… Salope ! »

Maria les observe derrière le voile sombre qu'elle a épinglé à son chapeau. Ils sont fous. Tous. Une femme tend le bras pour palper sa redingote, toucher du doigt l'horreur du crime. Des hommes grognent pour se frayer un passage jusqu'à elle. Sans doute s'imaginent-ils alors être l'un de ses partenaires d'orgie dont la presse s'est fait écho, avant de se raviser et de se remettre à gueuler ce dégoût que leur dictent la morale autant que le nombre.

« Chienne russe ! »

« Barbare ! Qu'on la pende ! »

L'un des gardes place ses mains sur ses hanches pour la guider vers la petite porte arrière du tribunal. Un étroit couloir blanc et froid. Puis une pièce vide. Là, presque le silence.

On ne lui laisse pas le temps de fermer les yeux pour calmer les battements de son cœur. Ni pour se croire ailleurs. Un autre garde vient la chercher pour la conduire jusqu'à la salle d'assises.

Et de nouveau ce brouhaha infernal. Cette fièvre qui rougit les joues et déforme les bouches. La marée a investi la salle. Déborde. Le carabiniere fait avancer Maria sur l'estrade à côté des trois autres accusés. Une armada de journalistes la mettent en joue, brandissent leurs appareils photo. Comme elle ne dit rien, pas plus qu'elle ne soulève le voile cachant son visage, ils l'insultent, sans conviction, juste pour attirer son attention et obtenir d'elle un bon cliché. Elle reste debout, le regard fixe. Il lui semble que ses pieds s'enfoncent dans la glaise. Que cette glaise est infestée de serpents aux corps larges ; qu'ils ondulent, s'entremêlent autour de ses chevilles. Un nœud coulant qui se resserre à chacun de ses mouvements, à chacun de leurs cris.

Et puis elle l'aperçoit. Il est là. Au troisième rang. Cerné de visages excités. Inexplicablement, elle sourit.

Son père tient ses deux mains posées sur ses genoux. Il a revêtu son uniforme d'officier de marine russe, y a accroché autant de médailles qu'il a pu. Sa barbe est toute blanche, désormais. Il répond à son sourire. Elle respire. Les yeux de son père la regardent au passé. Pendant une fraction de seconde, elle n'est pas l'accusée ni la putain russe, elle est l'enfant et lui le père.

« Accusés, asseyez-vous. Je vais procéder à la lecture des actes d'accusation, en ce samedi 5 mars 1910, à 10 h 30 :

Maria Nikolaevna O'Rourke Tarnowska et Donat Prilukoff, vous êtes accusés d'incitation au meurtre et de complicité.

Élise Perier, vous êtes accusée de complicité et de non-dénonciation d'un crime à la justice.

Nicolas Naumoff, vous êtes accusé d'assassinat prémédité, commis sur la personne du comte Paul Kamarowsky, le 4 septembre 1907 à Venise. »

Son pauvre père fronce les sourcils. Ne parlant pas l'italien, il ne mesure ni les insultes lancées par le public ni la gravité de la déclaration du juge. De son banc, il essaye de saisir tout ce qui se dit, quand, de sa chaise, Maria espère qu'il ne comprenne rien. Qu'on épargne son père en n'étalant pas les détails sordides de sa vie devant lui. Qu'il reste cette figure de l'enfance ; la mémoire du beau.

« La prochaine audience, annonce le juge, aura pour objet de savoir si Maria Tarnowska peut être tenue responsable de ses actes. Si elle est saine de corps et d'esprit. La cour désigne le professeur Bossi pour expertiser l'accusée. La séance est levée. »

Le grincement de ferraille et de rouille se rapproche de sa cellule, en écho. Il est celui des grilles que l'on ouvre, l'une après l'autre. Au bruit de leurs talons dans le couloir, elle sait qu'ils sont plusieurs. Maria tire sur sa robe pour enlever les plis. Elle jette un regard dans le miroir, en profite pour recoiffer quelques mèches brunes échappées de son chignon, se pince les joues pour les colorer un peu. Elle aurait aimé passer une robe de visite, mais on ne lui en laisse pas le temps. Trois hommes entrent dans sa cellule, le visage fermé. Ils transpirent l'autorité, celle qu'ils croient avoir ou qu'on leur a donnée. Après une brève hésitation, le plus vieux se dirige vers la bassine. Ses fines lunettes vissées sur le nez, il y verse de l'eau, se savonne les mains, se brosse les ongles, avant de s'essuyer dans un des linges de toilette de Maria. Il utilise un nouveau carré de coton pour l'étendre sur la table. Son assistant, plus épais de corps, un peu courbé, se donne beaucoup de mal pour paraître affairé. À son tour, il se lave les mains, puis ouvre sur le lit une valise en cuir dont il extrait les instruments. Il les tend un à un au médecin, qui les dépose sur le linge. Pendant de longues minutes, ces objets passent de la main de l'assistant à celle du gynécologue, et Maria ne voit que cela, leurs mains. L'assurance avec laquelle ils se refilent leurs outils sans rien cacher de leurs intentions. Sur la petite table, disposés bien en rang, deux speculums en acier, l'un très épais, l'autre plus fin ; des pinces, des ciseaux de tailles diverses, dont certains ont des lames disproportionnées ; une grande seringue à embout courbé ; différents ustensiles servant à prendre des mesures, ainsi qu'une canule, une sonde, une pipette et une série de crochets surmontés d'un pic en forme de flèche. Tandis que le plus vieux les astique avec une éponge imbibée d'alcool, le troisième avance une chaise devant la coiffeuse. Il déblaie sans ménagement fragrances, poudres et bijoux afin de poser son carnet, puis jette un œil aux deux autres pour les informer qu'il est prêt.

« Sur ordre du juge instructeur Cagnoni et du vice-commissaire Spinelli, nous allons procéder à l'expertise médicale sur Maria Nikolaevna O'Rourke Tarnowska, trente-trois ans, née à Kiev en 1877. Madame, comprenez-vous l'italien ou souhaitez-vous que l'on fasse appel à un traducteur russe ?

— Non. Je le comprends.

— Très bien, très bien. Je vous prie de bien vouloir dévêtir le bas du corps, à savoir : enlever vos jupon, pantalon et corset. Vous pouvez garder votre chemise. »

Elle rejoint le fond de la pièce où un drap suspendu à un fil fait office de paravent. Ses mains tremblent en dégrafant son corset. Un courant d'air remonte le long de ses jambes lorsqu'elle se défait de ses bas et dénoue son pantalon de soie. Pour repousser l'échéance, elle plie avec soin le pantalon, les bas, qu'elle range sur le tabouret, puis suspend le corset, la robe et le jupon au clou planté dans le mur. La soie du jupon glisse sans cesse, les volants balayent le sol, la poussière. En forçant sur le tissu pour qu'il tienne, elle finira par le transpercer sur la pointe en fer. Maintenant dévêtue, elle reste derrière le drap, espérant qu'aucun de ces trois hommes ne la somme de sortir. Ce drap est l'écran qui la sépare de ce qui va se produire, de ce qu'ils vont lui faire. À leurs murmures, son souffle s'accélère. Alors qu'elle entend qu'ils déplacent le lit, dans un geste dérisoire, elle tire sur sa chemise pour couvrir son sexe.

« Merci, madame, de bien vouloir venir vous allonger. »

Le lit sépare la pièce en deux. Ils l'ont placé à l'endroit le plus éclairé de la cellule. Elle s'y allonge. Au-dessus d'elle, leurs silhouettes sont trois ombres ; elle ne parvient pas à distinguer leurs visages quand eux peuvent détailler son corps à la lumière du jour. Avec une délicatesse moite, l'assistant met ses mains sur ses hanches, l'invite ainsi à prendre une position fœtale, dos au soleil, la tête bien tournée vers le mur. Les jambes repliées sur son torse découvrent tout à fait ses orifices. Elle sent la chaleur des rayons sur cette partie de sa peau, par vagues. Elle sait que leurs yeux suivent la même trajectoire pour venir la fouiller.

« Notez : lundi 7 mars 1910, dix-huit heures passées de six minutes, nous commençons l'expertise gynécologique. »

Les yeux rivés sur le mur où elle voudrait se fondre pour ne rien ressentir, elle sursaute quand deux doigts écartent ses grandes lèvres. Un large tube d'acier froid s'enfonce profondément dans son vagin, en même temps que la main sèche du médecin avançant sur sa cuisse. Elle comprend au mouvement de ses doigts qu'il effectue une pression sur le speculum, pression suivie, à l'intérieur d'elle-même, d'un écartement poussé à l'extrême. La moiteur de l'haleine du médecin s'approche de son pubis ; il est en train de l'observer. Il chuchote à l'oreille de l'assistant une phrase qu'elle ne saisit pas, mais devine qu'une loupe, puis une sorte de règle mesurent la taille de ses lèvres, qu'il palpe ensuite comme pour en estimer l'épaisseur. Un nouvel instrument est introduit, un tube de caoutchouc dans lequel on fait passer un liquide tiède jusqu'à ce qu'il déborde tout à fait, et que l'assistant ne le recueille à l'aide une pipette. L'acier se retire.

« Notez : un vagin qui empoisonne. Lésions chroniques, altérations physiologiques, qui devaient rendre incomplets et douloureux les rapports sexuels. »

La nausée monte dans sa gorge, elle pense pouvoir enfin se relever, mais la main de l'assistant exerce une pression sur son épaule pour l'en dissuader.

« Madame, éprouvez-vous du plaisir lors de vos rapports ? Avez-vous pratiqué d'autres types de pénétration ?

— Pardon ?

— L'état de votre utérus, madame, me force à vous poser cette question, et à vérifier. La frigidité pourrait expliquer certains de vos comportements. »

Sans réponse de sa part, le professeur Bossi poursuit. Deux nouvelles mains viennent tenir ses lèvres largement écartées. Le médecin prend appui sur son coude, remonte sur son nez ses lunettes qui glissent sous la transpiration, avant de saisir sur la table un petit pic de la taille d'un stylo. Il l'applique d'un geste sec et rapide au niveau de son clitoris, ce qui ne manque pas de lui arracher un cri.

« Notez : réactive aux stimuli clitoridiens. Irritabilité. »

Lorsque la manchette du gynécologue effleure ses fesses, Maria tend la main pour faire barrage. À ce geste, l'assistant intervient pour maintenir son bras sur le lit, suffisamment longtemps pour qu'elle cesse de résister. À partir de ce moment, le médecin, moins clément, ne fait plus preuve de douceur, semblant vouloir démontrer son professionnalisme en usant de la force. Sa paume appuie sur son ventre, au-dessus du pubis, tandis qu'il plonge deux doigts huileux dans son anus. Elle sent une brûlure, sans doute due au produit utilisé pour faciliter la pénétration, brûlure qui se répand en elle ; la douleur se propage en une onde qui irradie, se concentre en nœud au creux de son ventre. Lorsqu'il commence à se retirer, la brûlure suit à nouveau le chemin de ses doigts, qu'il s'empresse d'aller nettoyer au savon et de frotter dans la cuvette. Il s'essuie dans le dernier carré de linge propre. Ne sachant qu'en faire, il le laisse tomber dans l'eau usée, éclaboussant les flacons de parfum, poudres et bâtons de rouge restés sur la coiffeuse.

« Notez : Anomalies sexuelles, déséquilibres nerveux, qui ont pu conduire l'accusée et ses amants à des états de surexcitation et à un état psychique anormal. »

En repartant, le professeur Bossi la recouvre d'un drap, lui explique que seuls le juge, le procureur et les avocats de la défense auront accès à son rapport. Pas d'inquiétude, « il restera confidentiel ».

Elle ne se retourne pas. Il n'est qu'une voix, une brume, un envahissement. Il se lance dans une justification vague, pérore en affirmant qu'il est connu pour ses travaux sur la psychopathie féminine et les maladies utéro-ovariennes. Mais ses mots ne parviennent pas jusqu'à elle, ils résonnent dans le vide.

Ils referment la porte derrière eux.

L'effluve de savon et d'alcool plane dans la cellule.

L'odeur se substitue à leur présence, continue à la maintenir en place, à la soumettre, s'insinuant dans ses narines, sa gorge, son sexe encore huileux des graisses utilisées pour leurs expériences. Plus rien de ce corps ne lui appartient, il reste occupé par les sensations éprouvées, les souffrances tues. Ils ont fait de son corps l'ennemi qui, durant les minutes qui suivent, ne cesse de mimer l'impression de pénétration, de reproduire le mouvement des instruments, la douleur lui tenant lieu de mémoire.

Cinq gynécologues, six médecins, neuf psychiatres défilent devant le public, d'un pas lent, pour rejoindre le premier rang de la salle d'audience. Une procession de vieux sages, leurs paperasses sous le bras, si fiers d'être les premiers juges ; ceux à qui l'on a permis de fouiller le corps de Maria, avant qu'on ne fouille sa vie. Luigi Bossi, en tête, affecte cet air vaguement blasé du professeur d'université sur le point de donner une conférence. Une fois assis, il regarde au-dessus de son épaule pour s'assurer que les journalistes ont bien reconnu l'auteur de *La Théorie sur la psychopathie et les maladies vénériennes*. Quand le juge l'appelle à la barre, il est content. La salle est comble, elle est son théâtre.

« Professeur Bossi, vous avez expertisé Maria Tarnowska. Qu'est-ce que cette expertise gynécologique nous apprend de son état, sur le plan tant physique que psychique ?

— Elle a eu des "malheurs sexuels". Et l'appareil génital féminin a une grande influence sur l'état nerveux et psychique. J'ajoute que, pour ne rien arranger, elle a abusé de la morphine et de la cocaïne, qu'elle flairait comme les mondaines parisiennes. De sorte qu'elle subissait des sensations violentes et aiguës lors des rapports. Son cœur est sensible ; sa circulation a des mutations soudaines : sachez que la volubilité du cœur est indice de volubilité du système nerveux. En résumé, c'est une hystérique.

— Professeur Morselli, approchez à votre tour. Vous êtes l'un des experts psychiatres mandatés par la cour. Quelque chose à ajouter sur les pathologies évoquées ? »

Un petit bonhomme, le front haut et le nez court, les yeux noirs comme enfoncés dans des trous, s'avance jusqu'à Bossi, qui lui donne une tape sur l'épaule, histoire de le rabaisser avant de lui laisser sa place. L'expert ouvre sa chemise de carton sur le pupitre, en tire plusieurs certificats médicaux, prend sa respiration et se lance sous le sourire encourageant du procureur, un ami :

« Dans les classes aristocratiques russes, les névroses et les psychoses sont fréquentes. Maria Tarnowska n'échappe pas à la règle. Elle est le fruit d'une lignée de débiles : Sa tante maternelle, Anna Milordovitch, est dans un asile. Elle erre avec des vêtements sales, pieds nus, cheveux lâchés. Elle déclare avoir deux cents enfants ! Michel Andrecirch, son cousin, est dans la maison de santé de Kiev en raison de son état mental. Il est considéré comme le prince héréditaire de la Russie ; même son frère est fou, sa mère était idiote.

— Mesurez vos propos, l'interrompt le juge : Maria Tarnowska a-t-elle, selon vous, "hérité" de ces pathologies ?

— Savez-vous que l'accusée a pour ancêtre, du côté de son père, Marie Stuart ? Cette descendance peut expliquer sa perfidie. Les Stuart étaient fourbes. Deux d'entre eux perdirent la tête sous la hache… comme peut-être la comtesse Tarnowska aurait pu la perdre si elle avait commis ce crime en France. Selon mon expertise, elle n'est donc qu'une aventurière titrée et vulgaire…

— Allez à l'essentiel : doit-on en conclure qu'elle est responsable de ses actes et peut donc être jugée ?

— Hystérique, elle l'est. Mais aussi consciente et libre de ses actes. Si elle est reconnue coupable, sa place ne sera pas dans un hôpital, mais bien en prison !

— Nous voilà fixés ! s'exclame le procureur. Elle sera donc jugée ! »

Maria regarde son père. Il est assis à la même place, vêtu du même uniforme. Ne comprenant pas un traître mot des échanges, il essaye d'interpréter les gestes, le timbre des voix. Il frémit lorsque le procureur hausse le ton, se méfie si un expert parle tout bas. Quand Maria ferme les yeux, baisse la tête, il devine que les phrases prononcées sont autant de mains pesant sur sa nuque pour la faire plier. Qui observe le vieux Russe peut alors lire sur ses lèvres le surnom qu'il lui donnait quand elle était enfant : « Mura, ma Mura… »

*Oh, papa, se dit Maria, sans le quitter des yeux. Si tu savais comment ils parlent de nous… de maman et de toi. Si tu pouvais comprendre leur langue, tu te serais levé. Tu aurais tiré de ta ceinture ton épée pour les provoquer en duel, tous autant qu'ils sont. Tu leur aurais dit, toi, comme nous étions heureux, bancals mais heureux, dans notre maison à Poltava… avant ma chute… avant Vassili.*

# VASSILI

Poltava… Leur propriété près de Kiev… La pelouse balayée par des rubans de lumière roulant jusqu'au pied des peupliers… La chaleur du soleil dans le dos. La fraîcheur, passé la barrière du bosquet… Et son arbousier, avec ses bras de géant tendus vers le ciel. Son ventre massif gonflé de la lave de son écorce. Enfant, le déploiement tentaculaire de ses branches lui évoquait la cambrure d'un dos ou la poitrine d'une femme. La noirceur de l'écorce : des yeux creux et sombres. Elle se demandait si ces corps ne s'animaient pas la nuit, à la lueur de la lune, pour se figer à l'aube dans des postures indécentes, le torse cassé et la bouche tordue. Des corps dansants, peut-être ceux de sorcières, brûlées un soir de Walpurgis, leur chair sidérée par le plaisir qui les avait traversées, avant de traverser le temps, là, incrusté dans le bois. Quand elle avait peur de voir ses branches s'éveiller, elle rebroussait chemin. En grandissant, elle aima, au contraire, l'excitation et d'angoisse qui accompagnent la solitude.

Dès qu'elle le pouvait, elle s'enfonçait dans le bosquet pour rejoindre sa balançoire accrochée au vieux châtaignier. À l'abri des regards, loin de tout. Elle espérait alors qu'il se produise quelque chose. n'importe quoi qui puisse rompre avec la monotonie du beau.

Un après-midi de printemps qui ressemblait à l'été, elle avait passé un long moment à se balancer. L'air dévalait ses bras, remontait ses jambes. Son sang refluait à chaque nouvel élan, lui battait les tempes. Pour intensifier le mordant du vertige, elle ferma les yeux, ne percevant plus le mouvement qu'à travers les vagues sombres et claires balayant ses paupières. La cadence sillonnait en elle dans un va-et-vient ample et hypnotique. Toutes ces sensations circulaient tel un courant électrique, gagnant en puissance à mesure qu'elles fusionnaient, ramifiant tous les plaisirs pour ne faire qu'un, entre ses cuisses. Le plaisir. La surprise du plaisir. Elle se balançait, le recherchait, encore et encore. Puis il y eut ces voix. Des voix d'hommes. Qui se rapprochaient. Brusquement, la jouissance fut chassée par la honte. Ses muscles se crispèrent, lui firent perdre l'équilibre. Son crâne heurta une bûche. Le sang tiède coula le long de sa nuque, la douleur se dilua, tout doucement, dans sa chair. Les égratignures lui piquaient la peau des cuisses, identiques à de minuscules brûlures. Dans un geste de pudeur, elle essaya bien de se redresser pour replacer ses jupons, mais la tête lui tournait trop. Son grand frère et son ami Vassili accoururent. Ce dernier arriva le premier. Elle à terre, lui debout. Elle perdit connaissance sous son regard troublé.

Quand elle ouvrit les yeux, le bleu de l'aube passait entre les volets. Le silence baignait sa chambre. On l'avait portée jusqu'à son lit. Sur son front, elle devina l'épaisseur d'un bandage. Du sang, dur comme du pain sec, cristallisé autour de ses cheveux. Les deux femmes de chambre entrèrent sans prononcer un mot. L'une glissa ses bras sous ses cuisses, l'autre sous sa nuque et son dos. Elles la portèrent énergiquement jusqu'au pot, où Maria urina. On essuya son entrejambe avec un linge humide. Une sensation agréable, dérangeante. Peut-être était-elle redevenue une nouveau-née dont on prenait soin sans qu'il soit jugé utile de s'adresser à elle. Quel jour était-on ? Et pourquoi ne parvenait-elle pas à le leur demander ? Ses mots restaient prisonniers, muets. À peine esquissés par la pensée qu'aussitôt, ils s'effaçaient. Les femmes de chambre l'aidèrent à lever les bras pour changer sa chemise. Puis, elles la transbahutèrent sur le fauteuil placé près de la fenêtre avant de draper ses jambes d'une couverture. Tenir sa tête droite demandait à Maria de fournir un effort. Elle n'y parvenait d'ailleurs pas vraiment. Son visage s'inclina tout seul. Un peu de bave s'échappa de sa bouche entrouverte et coula sur son épaule. De retour dans son lit, elle sombra dans le sommeil telle une marionnette désarticulée dont on aurait coupé les fils.

La première semaine passa ainsi. Le vide et le silence, entrecoupés de vie. Une brume sonore aplanissait continuellement le temps. Des pas dans l'escalier, des messes basses venant du couloir ; timbres aigus se confondant avec les graves. L'odeur de pisse, d'éther et de lavande, puis l'oubli. « Mura, ma petite Mura, comment te sens-tu aujourd'hui ? » Son père serrait sa main atone. Sur les conseils du médecin, il trempait un carré de coton dans un verre d'eau pour le poser entre ses lèvres, l'hydrater, une goutte après l'autre. Elle adorait ça : être réveillée par la paume chaude et sèche de sa main sur son front, ses iris bleus la fixant derrière son binocle. Elle aimait son inquiétude, le désordre de ses émotions habitant sa voix lorsqu'il s'adressait à elle. « Mon ange, est-ce que tu me vois ? Arrives-tu à parler, maintenant ? » Maria relevait un sourcil, souriait vaguement, mais ne répondait pas, sans raison, si ce n'est celle de le garder encore un peu auprès d'elle. Il lui aurait suffi de prononcer une parole pour relâcher l'étreinte de l'angoisse sur son père. Il attendait ce signe de guérison. Mais, immanquablement, une fois apaisé, il aurait abandonné son fauteuil pour reprendre le cours normal de sa vie. Alors, elle n'allait pas tout de suite le rendre au monde, en ne lui répondant pas.

Quant à sa mère, elle ne montait la voir qu'au moment des consultations. Elle jetait toujours un rapide coup d'œil dans le miroir de la coiffeuse, se pinçait discrètement les joues et se retournait, souriante, presque gaie, pour accueillir le médecin qui la suivait. Celui-ci posait sur le lit sa valise de cuir, dont il tirait des fioles. Maria adorait ça, aussi, ce flottement vaporeux l'enveloppant dans une douceur artificielle et tendre, juste après ses piqûres de morphine.

« Elle cicatrise bien et n'a presque plus de fièvre. À ses pupilles, je peux vous dire que le traumatisme ne sera bientôt qu'un mauvais souvenir.

— Vous avez fait des miracles, murmura sa mère, mettant dans son timbre cette vénération qu'en temps normal elle réservait aux hommes d'Église.

— Arrive-t-elle à se lever ?

— Pas vraiment. Elle perd l'équilibre.

— Elle ne parle toujours pas ?

— Non, mais de toute façon elle dort à longueur de journée. Elle est tirée d'affaire, n'est-ce pas ?

— Les lésions peuvent se résorber, mais, parfois, durer plusieurs mois. Caterina, attendons que notre malade retrouve le don de la parole avant de nous réjouir. »

Tiens, le médecin avait appelé sa mère par son prénom. Voilà qu'ils étaient donc amis. Ce qu'ils se dirent ensuite, elle n'y prêta pas attention. Et même si elle avait tendu l'oreille, si le bandage n'avait pas gommé leurs voix, si la fatigue ne l'avait pas éloignée du moment, ces deux-là se seraient parlé sur le ton du secret, auraient rejoint le couloir en refermant la porte. L'obscurité retomba sur les meubles, effaçant les murs, laissant place au silence, faisant écho au vide. Silence, lorsque les femmes de chambre la redressèrent pour lui faire avaler une cuillerée de soupe avant d'essuyer sa bouche. Solitude, quand elles échangèrent un regard rapide en nettoyant le pot souillé. Il était insupportable, ce silence, il l'enterrait vivante. À la nuit tombée, on allumait la lampe à l'auréole jaune, près de la fenêtre, juste assez de lumière pour replacer les ombres derrière chaque objet.

Les consultations du médecin s'espacèrent. Du rez-de-chaussée montèrent à nouveau la rumeur d'une visite, les rires étouffés d'un dîner. Il faut croire qu'en bas, on se lassait de la lenteur de sa guérison. Le miracle avait trop tardé à se produire. Sans doute même s'était-on fait à l'idée de son handicap. Au fond, pour ses proches, la résignation devait être plus supportable que l'inquiétude. La vie continuait sans elle. Les journées se répétèrent, identiques les unes aux autres, sans que Maria les distingue. Dormir, transpirer, entrouvrir les yeux, guetter les bruits, puis sombrer à nouveau, la fièvre au corps, la tête lourde et douloureuse. Elle passa trois semaines sans produire un son. Jusqu'à ce que, un matin, elle s'étonne d'entendre sa propre voix vibrer dans sa gorge. Celle-ci lui sembla plus grave, en prononçant le premier mot qui lui vint à l'esprit. « Soif. » La femme de chambre, qui était en train de repousser les volets, suspendit son geste. Elle la dévisagea et sortit. Maria l'entendit dévaler l'escalier, appelant : « Monsieur, monsieur ! » Joie… quand elle reconnut les pas de son père faisant craquer le plancher du couloir, juste devant sa porte.

« Comment te sens-tu ce matin, ma petite pomme ? demanda-t-il, comme si de rien n'était.

— Papa, j'ai faim. »

Il plaça ses deux mains sur son visage, les larmes aux yeux.

« C'est une bonne maladie. Tu peux me répéter cela, Mura ? Tout doucement, prends ton temps.

— J'ai faim ! »

Il esquissa un sourire douloureux, prit une grande respiration de soulagement en regardant derrière lui, où, pourtant, il n'y avait personne.

Elle avait retrouvé le don de la parole, mais la partie droite de son corps n'était pas tout à fait sortie de sa léthargie. Lorsqu'elle parlait, l'extrémité de ses lèvres ne s'ourlait pas de façon symétrique. Quand elle se levait, la jambe droite hésitait à se tendre. Son corps tout entier était bancal. Pour encore quelques mois, elle ne paraîtrait normale qu'allongée et muette. On l'installa sur la méridienne, dans la véranda, maintenue dans un état de somnolence par la morphine, à longueur de journée. La première fois qu'elle le revit, elle crut donc que cette ombre se faufilant près d'elle lui apparaissait en songe, profitant de la lumière déclinante du jour pour investir son imaginaire. Mais il était bien là. Vassili Tarnowski. L'ami de son frère, témoin de sa chute, parlait à bâtons rompus avec sa mère, une tasse de thé à la main.

« Comment va notre petite malade, aujourd'hui ?

— Mieux. Beaucoup mieux. n'est-ce pas, ma chérie ? Maria, réponds, au moins ! Bah, elle passe son temps à dormir, un vrai loir, notre Mura. »

Vassili tira une chaise jusqu'à la méridienne, ôta ses gants avec les dents et, tout en continuant à discuter de potins mondains avec ses parents, appuya son pouce et son index sur le poignet de Maria pour lui prendre le pouls, à la manière d'un médecin. Et cette main, sur elle, c'était quelque chose. Elle fit semblant de dormir pour qu'il la laisse là. Sentir cette peau chaude. Profiter de ce contact. S'étonner de la façon dont il résonnait en elle.

À chacune de ses visites, Vassili joua au médecin, et elle à la petite malade passive. Maria n'était pas la seule à aimer sa présence. Sa mère comme son père l'appréciaient, au point, parfois, de l'attendre. C'est que le jeune homme animait le temps, semblait accélérer les aiguilles sur le cadran de la grande horloge. Il riait fort, transformait leur salon en petit théâtre, capable de reproduire le chant d'un ténor entendu la veille à l'Opéra. Il n'y avait pas que sa joie de vivre. Ni son beau visage. Plus précieux était ce qu'il devenait une fois reparti : un objet de désir, d'étude, même, permettant à Maria de chasser l'ennui. Seule et silencieuse, allongée sur sa méridienne des heures durant, elle anticipait leur échange. Naissaient dans son esprit quantité d'hypothétiques conversations. Elle les élaborait au mot près. De l'amorce, à la chute. En un sens, « aimer » l'occupait :

« ... *Maria, comment va cette vilaine cicatrice ?*

— *Vilaine, vraiment ?*

— *Non, bien sûr, pas vilaine. Un petit ruban rouge qui te couronne joliment le front.*

— *Tu m'en offres une, Vassili ?*

— *De quoi ?*

— *De vinok. Cette couronne offerte aux jeunes filles à la fête de Kupala.*

— *Très bien. Et dis-moi, Maria, la jetteras-tu dans la rivière en pensant à moi ?*

— *Oui.*

— *C'est une promesse ?*

— *Non, un aveu.* »

Bien entendu, ces reparties minutieusement pensées s'évaporaient à la seconde où Vassili passait le pas de leur porte. Il arrivait sans prévenir, se servait de thé sans autorisation, comme s'il était chez lui. Sa mère l'écoutait, le rose aux joues, surtout lorsqu'il déblatérait sur ces nouveaux riches débarqués de Moscou, arpentant les jardins de Kiev avec leurs chapeaux garnis de plumes, de fleurs et de fruits – « Imaginez ! » –, avec leurs toilettes de soirée portées en pleine journée. De son bureau, son père tendait l'oreille, surtout quand Vassili parlait musique. Car, alors, il s'assagissait. Tout en lui exprimait la poésie qui l'avaient traversé en entendant les premières notes des danses slaves de Dvorák, les premiers mouvements d'*Ernani*. Son visage se transformait, même son timbre s'adoucissait ; Vassili souriait autrement, avec une sagesse que lui-même ne comprenait pas, qui l'habitait le temps d'un souvenir.

Impossible de savoir s'il s'intéressait ou non à Maria. Il ne lui faisait aucune remarque en particulier. Pas plus qu'elle n'allait à lui. À chaque fin de journée, le mirage d'un échange complice s'estompait. Échec sans incidence. Car toute attitude ambiguë – *Ma Mura va bien aujourd'hui ?* (importance notable du « ma ») –, une phrase gentille – *Tu es adorable oui, je reprendrais bien du thé* (importance tout aussi notable du « adorable ») – suffisaient à relancer la mécanique. L'espoir se renouvelait comme autant de petites cellules assurant leur survie grâce au mouvement perpétuel des sens. Dès qu'il partait, elle se rejouait la scène, séquençait les moments, les étudiait telles les pièces d'un puzzle à la recherche d'un détail trahissant l'amour, l'indifférence ou le désir.

Au bout de quelques semaines, l'euphorie laissa place à l'inévitable venin de la lucidité. Il s'incrusta dans ses pensées, la guetta à chaque moment de solitude : un venin puissant qu'elle pouvait presque sentir circuler dans ses veines au point de la paralyser. Comme lors de cette soirée, à l'automne 1893. Sa mère avait rassemblé quelques connaissances dans l'idée de copier ces salons littéraires à la mode. Maria finissait de se préparer. De sa chambre lui parvenait la rumeur des invités qui traversaient le hall pour rejoindre la fête. Elle entendit Vassili, ou plutôt son rire. Ce rire monta à l'étage, se pointa derrière son épaule, alors qu'elle était face au miroir. Elle s'imagina, sans raison, qu'il lui était destiné et s'infligea une chirurgie cruelle. À la naissance des cheveux, sa cicatrice creusait un fil rouge qui passait au violet lorsqu'elle avait froid. Si elle la couvrait d'une mèche, le noir accentuait la pâleur de son visage. Ses sourcils épais manquaient de féminité, ses joues pleines la retenaient dans l'enfance, ses yeux bleus n'exprimaient rien de charmant. Elle descendit les marches, convaincue d'être difforme, gardant la tête penchée en avant, deux longues mèches cachant ses traits. Quand Vassili la salua – « Comment va ma petite malade ? » –, elle se tut et s'éloigna. Et puis, autour d'elle, on brassait avec aisance mille idées, piochées dans les poésies de Valeri Maslov, dénichées dans le cercle littéraire de Varvara Morozova, à Moscou, ou le club d'un certain Paul Bourget, à Paris. Ignorer tous ces noms la mortifiait. Elle se découvrait inculte, biberonnée aux contes de fées, sans référence au monde réel. Elle en rougit, serrant les poings, humiliée par elle seule, mais humiliée quand même. Il fallait cacher cela à Vassili, changer son reflet. Décider de l'angle sous lequel il la verrait.

Une entreprise de fabrication du sentiment se mit en place autour de ses visites. Une ingénierie du désir, avec les moyens du bord. Elle abandonna les nattes pour relever ses cheveux en chignon. Sa mère lui refusait du parfum ? Elle subtilisait les petits sacs de lavande rangés dans le linge des armoires pour les vider dans ses mains, qu'elles frottaient l'une contre l'autre juste avant l'arrivée de Vassili. Elle prévoyait la façon dont elle s'allongerait sur la méridienne, décidait des premières images qui frapperaient sa rétine. Elle soulevait très légèrement ses jupons de sorte qu'ils se déclinent, au niveau du talon, en corolles sur le point de s'ouvrir. Le désir naissait d'un corps que l'on devine, que l'on possède à distance, se disait-elle. Quant à son manque de conversation, elle consacra des matinées entières à la mémorisation de phrases volées à des auteurs. Citations qui, à elles seules, devaient divulguer ses sentiments. Ainsi, quand Vassili lui dit « Tu es ravissante », elle répliqua, murmurant : « La beauté ne fait pas l'amour, c'est l'amour qui fait la beauté. » Il prit un air surpris et ne releva pas. Il se peut qu'il n'ait pas saisi l'insinuation. Qu'importe. Le message passait, repassait, une journée après l'autre. L'amour creusait son sillon, se disait-elle. Il l'ignorait ? C'est qu'il était bien trop troublé pour lui exprimer ses sentiments. Il venait moins souvent ?

Sans doute par pudeur. Il venait plus souvent ? Ah, voilà qu'il ne pouvait résister à l'envie de la voir ! Les distorsions de ses réflexions l'amenaient toujours à la même conclusion : l'amour, entre eux, tissait sa toile. Une assurance du beau qui s'épanouissait le soir dans le secret de sa chambre et se rétrécissait tout aussi vite, jusqu'à ce qu'il n'en reste qu'un petit tas emmêlé de pensées et de doutes, au lever du jour.

Le doute fut levé par des chuchotements, un dimanche de novembre, en fin d'après-midi. La porte du bureau de son père était restée entrouverte. Les derniers rayons jouaient avec la poussière en apesanteur au-dessus du secrétaire en désordre. Un effluve de thé émanait de la tasse que sa mère tenait entre ses mains. Ses parents se parlaient à voix basse, assis l'un en face de l'autre. « Maria n'est qu'une enfant », répétait son père, doucement, telle une plainte.

« Papa, maman, qu'est-ce qui se passe ?

— Viens, ma grande, assieds-toi, sourit son père.

— Maria, poursuivit Caterina, replaçant la mèche sur le front de sa fille, de sorte à cacher sa cicatrice : notre ami, le comte Vassili Tarnowski nous a écrit de Moscou.

— Vassili me demande en mariage ! Je le savais ! Papa, dis oui !

— Mura, ma petite Mura, dit son père, une fatalité dans le timbre, attendri par la joie de sa fille. Tu tiens à peine sur tes jambes, ta cicatrice barre la naissance de ton front, et tu voudrais jouer ton avenir sur un coup de cœur ? »

Maria ne chercha pas à comprendre comment un homme avait bien pu tomber amoureux d'une jeune fille qu'il n'avait vue qu'à moitié morte. Pas plus qu'elle ne s'interrogea sur cette sorte de désir, né de la contemplation d'un corps inerte et blessé. Elle aima celui qui l'avait regardée.

Dès leur nuit de noces, elle aurait dû comprendre ce qui l'attendait. Mais on ne pressent que ce que l'on connaît. Et, jusque-là, son imaginaire s'était nourri de chansons romantiques entonnées lors des fêtes du printemps, de livres chastes et tragiques où les amants n'étaient que des enfants, de fantaisies où le mariage était en soi l'apothéose sublime de l'union de deux êtres. Sa mémoire du beau n'était que fiction.

Après la cérémonie, ils avaient rejoint un hôtel à Kharkov. Leur chambre donnait sur la cathédrale de l'Annonciation, avec son dôme surmonté d'une croix. Ses pics retenaient les derniers lambeaux de ciel orangé. Elle déposa sa couronne de fleurs sur la coiffeuse avec la tendresse qu'on accorde à l'objet dont on pressent qu'il rejoindra les souvenirs importants. Elle désenfila les perles et les rubans de ses cheveux, sourit à son reflet, pensa à ce que serait leur étreinte. À la douleur dont sa tante lui avait parlé, au plaisir qu'on lui avait tu. Derrière elle, Vassili était affalé dans un fauteuil. Un peu ivre, il tirait sur sa cigarette, sa bouteille de vodka à la main. Il ne quittait pas des yeux la petite bonne qui terminait d'arranger leur lit pour la nuit.

« Eh toi, là ! Tu sens bon… c'est quoi ton parfum ?

— Du patchouli, monsieur.

— Comment tu t'appelles ?

— Rosalia.

— Et bien, Rosalia, ce soir, nous n'avons plus besoin de toi. Mais dans deux ou trois jours… il se peut que ça ne me déplaise pas de te revoir… »

La gamine quitta leur chambre en souriant, gênée. Vassili finit la bouteille au goulot, alla s'étendre sur le lit et desserra sa ceinture : « Approche, ma petite femme. » Cela lui plut, qu'il l'appelle ainsi. Mais quelque chose manquait ; l'élan passionné qu'elle avait maintes fois imaginé ou, peut-être, les bruits familiers de la nuit. Le vent dans les feuilles des arbres d'Ostrada avait été remplacé par les pas des clients venant du couloir, par le grincement éloigné d'une serrure que l'on referme, d'un loquet que l'on baisse. Elle s'allongea près de lui, figée. Dans un mouvement du corps pareil à celui d'une meule de pierre roulant sur elle-même, il s'écrasa de tout son poids sur son ventre. Elle sentit la piqûre de sa barbe sur sa joue. Sa respiration dans son cou, à la lisière des cheveux. Il releva sa chemise de nuit, cracha dans sa main avant de la fourrer entre ses cuisses. Quand il la pénétra, elle garda les yeux ouverts, attentive à l'avancée de ce bâton de chair dans la sienne, y cherchant le plaisir, l'associant à la douleur. Vassili allait et venait, ses yeux révulsés au-dessus d'elle. Elle lui dit qu'elle l'aimait. Il mordit son cou, sa salive était chaude.

Le lendemain, il y eut leur balade sous le ciel tiède de Kharkov. La fierté enfantine de tenir son « mari » par le bras en passant les grilles du parc Chevtchenko. À proximité du kiosque à musique, il se mit à chanter un air de *La Dame de pique,* de Tchaïkovski. « Je vous aime, infiniment, je ne pourrais vivre un jour sans vous. » Une vieille à voilette, toute courbée sur sa canne, leur lança de longs regards réprobateurs, haussa les épaules, feignant d'être choquée. En l'observant, Maria remarqua qu'elle tendait tout de même l'oreille, se redressait un peu. En elle, un fragment de mémoire se rallumait, sans qu'il fût possible de deviner s'il était heureux ou triste.

Rue Lopanskyi, c'était jour de marché. Le fumet des poissons se mélangeait à l'odeur âcre de la corne des sabots de cheval brûlée par le maréchal-ferrant. Ils croisaient des mômes, les lèvres rougies par une lapée de bortsch, des vendeurs à la sauvette, le visage surchauffé par l'urgence de récolter quelques kopecks. Ces derniers leur mettaient sous le nez des paniers de saucisses grillées en braillant. Vassili la tira par la main pour l'aider à se frayer un chemin. Elle releva sa jupe et réprima un sourire. Il n'y avait bien qu'elle qui pouvait comprendre ce sourire. Cette main dans la sienne. La pression des corps la bousculant. Les cris qui se chevauchent et le mouvement de la rue. Ils la renvoyaient à cet autre mouvement qui l'avait pénétrée la veille. Ses yeux étaient ailleurs. Ses pensées étaient hier. Savaient-ils tous, les épiciers, les mères affairées, les gamins et les poissonniers, savaient-ils qu'en marchant, elle ressentait encore l'empreinte des caresses de son mari entre ses cuisses, la brûlure de sa barbe sur son ventre ? Pouvaient-ils lire sur son visage qu'elle charriait ces images, ces sensations, là, en pleine rue, au vu et au su de tous ?

Ils dînèrent au restaurant de l'hôtel. Sitôt le dessert terminé, Vassili l'entraîna dans leur chambre. Il la déshabilla et la prit, sans violence ni douceur, le ventre plaqué sur le couvre-lit. Il jouit une fois, gémissant assez fort. Sans explication, il remonta son pantalon et reprit son veston froissé laissé sur le dos de la chaise.

« Je vais me chercher à boire.

— Au bar de l'hôtel ?

— Inutile de se ruiner. Je vais en ville. Dors, ne m'attends pas. »

Elle ne ferma pas l'œil. À chaque pas dans le couloir, elle s'attendait à le voir rentrer. Plusieurs heures passèrent sans qu'elle parvienne à déterminer ce qui était tolérable et ce qui ne l'était pas. Sous les coups de trois heures, le sommeil la gagna. Alors qu'il se glissait sous les draps, peu après, elle fut réveillée par l'odeur de ses bras qui l'attiraient à lui.

« Tu empestes le patchouli.

— Quoi ?

— Le parfum de cette Rosalia.

— Tu te racontes des histoires, murmura-t-il en posant sa main entre ses cuisses.

— Tu as revu cette fille ! gémit-elle.

— Oh… tu m'ennuies à la fin. »

Après le patchouli, il y eut le musc… puis le jasmin… la violette…

À chacune de leurs disputes, il le lui répéta en boucle : « Tu m'ennuies. » À Kiev, lorsqu'il sortait le soir pour revenir à l'aube. À Saint-Pétersbourg, lorsqu'il déserta plusieurs jours d'affilée la maison qu'ils avaient louée. Qu'elle gémisse ou se taise, elle l'« ennuyait ». Même lorsqu'il l'embrassait en la plaquant contre un mur, il le lui chuchotait, à l'oreille – « tu m'ennuies » –, la rendant ainsi responsable de ses infidélités. Un an plus tard, elle mit au monde leur fils Tioka. Alors que celui-ci courait joyeusement à quatre pattes sous le piano du petit salon, Vassili trouva l'enfant, à son tour, « ennuyeux ».

Quand était-ce, déjà ? Oui, ils passaient l'hiver à Saint-Pétersbourg, dans cet appartement à deux pas de l'église Saint-Nicolas. Le bleu de l'édifice était délavé par celui de la nuit. Les flocons rayaient l'obscurité, tapissaient le canal, les trottoirs, pesaient sur les branches. Vide blanc qui isolait Maria du monde, quand, à l'autre bout de la ville, Vassili, lui, dansait. Leur fils, Tioka, n'avait pas deux ans et dormait dans la chambre verte, à l'étage. Le fond de l'air glacé engourdissait son visage, piquait le bout de ses doigts, il fallait remettre du charbon dans les poêles. Maria en donna l'ordre à Élise, leur nouvelle gouvernante, et regagna sa chambre. De toute façon, après dix heures, Vassili ne rentrerait plus. Comme d'habitude, elle s'accroupit au pied de leur lit, ses bras entourant ses jambes, la tête enfouie entre ses genoux et pleura, grimaçant, régurgitant ses angoisses jusqu'à ce qu'il n'en reste qu'un filet humide et salé le long de sa joue. Passé les sanglots, elle souleva son corps exsangue jusqu'à la coiffeuse pour détailler les stigmates du chagrin sur sa peau. Tout devenait logique au vu du tableau navrant qu'elle mettait quotidiennement sous les yeux de son mari : à force de pleurer, des plaques rouges s'étaient formées sur sa poitrine et sur son cou. Ses épaules rentrées rendaient plus saillants les os de son buste, gommaient ses rondeurs. Elle tira ses cheveux en arrière. Sa bouche se figeait dans un rictus triste, marquant une ride à la commissure des lèvres. Ses yeux bleus s'étaient assombris, comme vidés de leur couleur. Même sa taille fine n'était qu'un ventre creux. À dix-neuf ans, elle en faisait dix de plus, pensait-elle. Elle ne s'aimait pas, il ne l'aimerait jamais plus.

« Madame, vous lamenter comme ça, tous les soirs, franchement, ça rime à rien. Je connais un autre moyen de le ramener au bercail, moi, votre mari. »

Élise venait tout droit de Suisse avec, dans ses bagages, des toilettes à la française et le langage d'une fille de ferme. Plantée au milieu de la chambre, elle mâchouillait un biscuit, sa tasse de tisane à la main :

« Les larmes, les prières, vous n'arriverez à rien comme ça, vous pouvez me croire. Les bonshommes…

— Les hommes, quoi ? Qu'est-ce que tu connais des hommes, toi ?

— Oh, ce que j'en dis… J'ai pas forcément les mots, mais j'sais y faire. »

Elle approcha son petit corps longiligne de la coiffeuse, où elle posa sa tasse. Au lieu de lui natter les cheveux pour la nuit, elle les boucla entre ses doigts, puis les releva en chignon. Elle y glissa plumes, rubans, épingles surmontées de perles. Un sourire en coin, elle piocha dans le coffret à bijoux, accrocha autour de son cou plusieurs rangs de colliers sertis de diamants. Alors qu'elle s'apprêtait à tamponner ses joues et ses lèvres d'un fard vermillon, Maria eut un mouvement de recul :

« Élise, tu es en train de me déguiser en catin.

— Oui, madame, très exactement. À ceci près que vous êtes comtesse. Et vous pouvez me croire, ça fait toute la différence. »

Maria la dévisagea et comprit. Elle traversa la chambre, sortit de la grande armoire une robe de taffetas sanguine, serrée à l'extrême au niveau de la taille, une profonde échancrure dans le dos. Le décolleté découvrait presque totalement ses seins. Elle retourna devant la coiffeuse pour maquiller elle-même ses lèvres de fard.

« Je vous apporte un châle, en attendant Monsieur ?

— Non. Pas de châle, du patchouli.

— Du patchouli ?

— Oui. Et quand tu auras fini de m'habiller, tu iras réveiller Igor.

— Le cocher ? À cette heure-ci, dans cette tenue ? Mais pour aller où ?

— Je vais chercher Vassili là où il est. Chez le grand-duc. »

Son vieux cocher fronça méchamment les sourcils. Il y avait du reproche et de la gêne dans ce regard-là. Maria s'empressa de monter dans la voiture. Il gueula de sa voix abîmée par le tabac et le temps : « Putain, avance ! Allez, putain ! », faisant claquer le fouet sur le flanc de l'animal, puis gueula encore jusqu'à ce que la pauvre bête accélère. Le silence de la nuit décupla la portée de ses injures. On aurait dit qu'il les lui destinait. Il l'avait connue gamine et se sentait responsable d'elle. Cela l'ennuyait drôlement de l'accompagner chez le grand-duc fagotée de la sorte. Son impuissance à s'interposer le rendait malade, alors, forcément, il gueulait. Elle aurait voulu lui expliquer que cette robe n'était qu'un déguisement, un défi qu'elle se lançait à elle-même. S'effacer sous une couche de tissu pour renaître « autre ». Elle imaginait déjà le visage ébloui de son Vassili, l'élan de ses mots tendres. Le désir se réveillerait ainsi, par surprise.

La voiture s'enfonça dans l'opacité d'une grande avenue ; les vitres se mirent alors à trembler sous les rafales du vent. Elles frappaient à la porte, sans relâche, telles des mains la mettant en garde. Maria le savait bien : toutes les épouses de Saint-Pétersbourg mimaient un frisson d'horreur en évoquant les soirées chez le grand-duc. Les mots « dépravation », « orgies » revenaient dans les conversations. De ces mots murmurés du bout des lèvres de peur de les avaler, de les laisser entrer, de se laisser corrompre, rien qu'en les prononçant. Rue Pogibel, les murs d'une ruelle se resserrèrent en étau sur la voiture, la jument éructa. Il était trop tard pour reculer. Deux grilles ouvraient bientôt sur un parc avalé par la nuit. Des flambeaux jaunissaient un perron désert. Igor lui tendit la main pour l'aider à descendre, bougonnant :

« Nom de Dieu, pas même un valet pour vous accueillir. Je vais vous attendre là, dans l'arrière-cour.

— Igor, ne vous inquiétez pas comme ça. Je reviendrai avec Vassili.

— Je vais vous attendre. Tout de même, j'préfère. »

Le hall d'entrée, désert, n'était habité que par le chant d'une tzigane. Il y résonnait, comme un fantôme. Une voix jeune, se cognant contre les murs hauts, dévalant les marches en marbre de l'escalier, puis perdant de son élan, avant de s'éteindre en plainte.

Maria ne croisa personne jusqu'au premier étage. Là, sur le palier, un valet, tout voûté sur son fauteuil, se releva. Il lui prit sa cape et ses gants sans rien lui demander et l'accompagna jusqu'à la salle de bal.

Une odeur de suie se mêlait aux fragrances portées par les femmes. Autour des restes d'un buffet, une poignée de personnes traînaient, le visage bruni par les lampes à pétrole. Au centre de la salle, un cercle s'était formé autour d'un violoniste et de la petite Tzigane. La môme faisait maintenant tourbillonner son jupon sous le nez d'hommes installés sur des chaises, l'œil ivre. Elle fouettait de sa crinière ceux encore capables de tenir sur leurs jambes. Ils frappaient dans leurs mains pour accélérer ses pas, lui jetant tout ce qu'ils trouvaient de pièces au fond de leurs poches. On aurait dit qu'ils cherchaient à la faire trébucher, par jeu, comme sur le stand de tir d'une fête foraine quand les promeneurs endimanchés se prennent pour des chasseurs en visant des proies de carton. Et le carton était une fille, et la fille dansait.

« Viens bouger sur moi, mignonne ! aboya l'un d'eux.

— Un vrai singe de foire, cette gamine, releva une cocotte, s'énervant sur son éventail.

— Une chienne qui doit joliment mordre, répondit son voisin.

— Vous dites des bêtises…

— Oh… je préférerais les faire. »

Maria les observait à la dérobée, pensant n'être pas remarquée. Jusqu'à ce que deux hommes échangent quelques mots avant de lui sourire. Celui au ventre rond, tête dégarnie et visage blême, s'approcha. Son visage lui disait quelque chose. Peut-être le connaissait-elle de Kiev ? De Moscou ? À moins qu'ils ne se connaissent tout simplement pas. Et s'il la prenait pour une putain ? Préférant ne pas lui laisser le temps de se présenter, elle quitta la salle pour aller chercher Vassili dans les autres pièces. Elle fut soulagée de se retrouver dans un couloir, long de plusieurs mètres, éclairé de chandelles. Ne sachant quoi faire, elle s'arrêta devant un miroir, se débarbouilla les lèvres et tira sa robe sur sa poitrine. Derrière son reflet, une porte s'ouvrit. Une fille en sortit, titubant, torse nu. Ses seins lourds dansaient sur la ceinture de son jupon. Elle vociféra en français – « Bas les pattes ! » – avant de défaillir sur le parquet en riant. Pourquoi riait-elle, et de qui ? Un jeune homme élégant sortit à son tour. Sans prêter la moindre attention à Maria, il rejoignit la fille, serra son menton pour le relever vers lui, l'embrasser. Quand, les yeux dans le vague, elle sourit de sa défaite, il bascula son ventre docile sur son épaule et la ramena jusque dans la chambre, dont il claqua la porte. Il y avait cinq portes. Certaines fermées, d'autres entrouvertes. Dans la pénombre, un garçon, aux pieds d'un homme, collait son front contre la boutonnière de son pantalon, prenant les mains de celui-ci pour les poser sur sa tête. Plus loin, un râle, une plainte. Une femme se tenait face au mur, cambrée, des mèches rousses mêlées de rubans verts sillonnaient sur son dos. Des doigts d'homme finissaient de délacer son corset. Ni la cravache ni le veston jeté sur une chaise n'étaient ceux de Vassili. Au rire contenu d'un couple, Maria s'empressa de remonter le couloir. Elle se cacha dans une antichambre, le temps de reprendre sa respiration, de repenser à ce qu'elle avait vu. La cravache, les râles ; les parfums des corps. Entre les deux battants de porte, son pied cogna contre une bouteille de vin. Le liquide tacha le bas de son jupon, s'étirant en astre noir. Une main tâtonna à l'aveugle pour récupérer la bouteille. Un visage s'avança, prenant la lumière. Une gamine. Recroquevillée. Ses yeux gardaient les traces d'un maquillage qui venait de couler. Avec ses joues rondes, on ne lui donnait pas treize ans. Elle porta le goulot à sa bouche.

« Pourquoi pleures-tu ?
— Parce que je veux partir.
— Eh bien, pars !
— Mais je ne peux pas… Laisse-moi. Va-t'en !»

Maria referma la porte derrière elle. Voilà tout ce qu'elle pouvait faire, refermer la porte afin qu'on la laisse tranquille. Qu'elle ait le temps de boire suffisamment pour effacer la réalité, la noyer dans un flou, ses approximations bienveillantes.

« Venez. »

On serra son bras. Elle le repoussa avec force. Le souffle lui manquait. C'était l'homme de tout à l'heure. Celui qui s'était avancé vers elle. « Vous ne le verrez pas ici, Maria. » Stahl... bien sûr, c'était Stahl ! l'ami d'enfance de Vassili. Il était à leur mariage. Ce bras qu'elle avait rejeté, elle s'y cramponna. Ils repassèrent par le salon. Près des fenêtres, des invités se pavanaient assis sur des fauteuils, lascifs, dans des regards qui convoitent, déshabillent. Des couples reniflaient les parfums de la chair, ses promesses tacites, s'accommodant de la puanteur des aisselles, des vapeurs d'alcool. De rares couples dansaient sans s'étonner de la rumeur des alcôves. Personne ne semblait prendre tout cela bien au sérieux. Comme s'il ne s'agissait que d'un jeu de rôles dont les protagonistes disparaîtraient à l'aube, leurs souvenirs de chair ensevelis sous les premiers rayons. Dans le hall, le valet dormait, bouche ouverte. Ils montèrent au deuxième étage, dans la bibliothèque ; une atmosphère chaude, presque familière. Le violoniste jouait un air populaire et rassurant. La petite Tzigane n'était pas avec lui. Une cheminée consumait ses dernières braises. Face au foyer, des hommes discutaient tranquillement, assis sur des canapés ou allongés sur de grands coussins jetés à même le sol. Vassili était sur l'un d'eux. Sa tête reposait sur les genoux d'une femme, plutôt distinguée, le cou cerclé de bijoux dont les pierres renvoyaient la lumière. Elle gardait une main sur le front de Vassili, de l'autre tenait un livre. Il l'écoutait lui faire la lecture, yeux mi-clos. Au bout de plusieurs secondes, il regarda instinctivement vers Stahl, puis vers Maria. Il lui sourit vaguement en la toisant, l'allumant du regard. Il ne l'avait pas reconnue. Il plissa les yeux, l'examina davantage, ne saisissant pas tout de suite. Il se releva, attrapa un chandelier qu'il approcha de son visage et recula de deux pas, stupéfait : « Stahl, tu l'as amenée ici ? T'es dingue ! » Son ami rétorqua, amusé : « Non, honte à toi ! Je l'ai trouvée en bas, toute seule ! » Vassili la dévisagea, s'arrêtant sur ses épaules nues, sur l'échancrure de sa robe, la sueur sur son front et la courbe de ses seins. Il l'envisagea avec le même désir que lorsqu'elle était tombée de sa balançoire : « Hé, Cendrillon, tu viens me chercher ou tu veux rester ? » Elle lui répondit l'exact contraire de ce qu'elle pensait, à savoir ce qu'il voulait entendre : « Restons encore un peu. » Ce fut le début du mensonge. Il lui servit un gobelet de vodka, avec une complicité non feinte, presque enfantine : « Allez, bois, bois, Mura, bois. Stahl, buvons à ma nouvelle femme ! »

Cette nuit-là, ils firent l'amour avec impatience. Ses baisers étaient une quête pleine et profonde, la moiteur de leurs peaux l'une contre l'autre, une danse. Pas un mot ne fut prononcé, pourtant, ils se disaient tout, en se serrant, en se retournant, en fermant les yeux pour les rouvrir sur un sourire charnel. Leur jouissance fut commune, heureuse. Pour entretenir cette sorte de désir, elle se promit de refaire sa garde-robe. Des tenues échancrées, transparentes, aux couleurs vives, ornées de perles et de fanfreluches dans le goût des cocottes qui peuplaient son petit monde. « Jure, jure que tu m'aimes ! »

demanda-t-elle. « Mais oui, bien sûr. Viens là ! » Elle s'habillerait en catin pour qu'il l'aime. Il dirait l'aimer pour qu'elle en devienne une. Qu'importe, au fond, puisque son désir était revenu. Elle ne « l'ennuyait plus ».

Ils écumèrent les salons de Saint-Pétersbourg, les cercles enfumés, bouillonnant de jeunes nobles rentrés de Suisse ou d'Angleterre, la tête groggy de politique. Souvent, Stahl se joignait à eux. À la différence de Vassili, qui se moquait éperdument des courants politiques secouant le pays, Stahl avait le chic pour se jeter la tête la première dans les conversations et y semer le trouble. Les progressistes l'exaspéraient, surtout quand leurs mains sentaient plus l'encre que le cambouis.

« En résumé, s'il y a soixante-dix ans Napoléon n'avait pas quitté Moscou en flammes, si un accord de paix avait été signé, il n'y aurait aujourd'hui en Russie ni attentat ni nihilisme », déblatérait un petit Français, maigre comme un clou, qui depuis vingt bonnes minutes lançait à la volée de grandes et belles phrases en tirant sur sa pipe, se nappant de l'orgueil d'un révolutionnaire sans que ni lui ni son père, pas même son arrière-grand-père, n'aient jamais mis les pieds en dehors d'un salon, et encore moins dans une usine ou sur un champ de bataille. « Si la France avait gagné, à l'heure qu'il est, tous les enfants de Russie iraient à l'école de la République. Le peuple aurait le pouvoir de changer son destin. Il resterait tranquille, car serein… » conclut-il.

Pendant toute sa tirade, sa main était remontée sur la jambe d'une très jeune fille, inerte et soûle, étendue à ses côtés, passant du mollet à la cuisse en parlant des attentats, de la cuisse à l'entrejambe au moment d'évoquer ce peuple « bien tranquille » qu'il appelait de ses vœux.

« Était-ce là une leçon de “Français” ? le moucha Stahl.

— Je ne vous suis pas, pardon.

— Je simplifie, alors : les Français respecteraient le peuple comme nulle part ailleurs ?

— En quelque sorte, oui.

— Comment vous appelez-vous ?

— Jean-Philippe.

— Nous nous sommes déjà croisés, de loin, chez le grand-duc, ainsi que dans cette auberge dont je tairai le nom.

— C'est possible, en effet, sourit-il avec malice.

— Eh bien, Jean-Philippe, ne trouvez-vous pas cela un peu indécent de défendre un Nouveau Monde tout en profitant de l'Ancien ? D'évoquer la Révolution et la liberté, un verre de vodka fraîche dans une main, une cuisse tout aussi fraîche dans l'autre ?

— Ce n'est pas ce genre de liberté dont je parlais… gloussa-t-il, avant de se redresser.

— Drôle d'intelligentsia qui brûle de sauver les enfants désœuvrées le jour et en abuse la nuit.

— Je ne vous permets pas ! J'ai un respect infini pour votre peuple.

— Ôtez la main de sa cuisse et collez-la-vous sur le cœur, pour être plus crédible !

— Je vais vous, vous…

— … provoquer en duel ?

— Non, monsieur, je me bats avec mes idées et ma plume, moi !

— Oui, en la trempant à l'occasion dans le ventre d'une môme débauchée pour quelques kopecks.

— Je ne tomberai pas dans votre jeu.

— Mais, monsieur, vous êtes déjà tombé, et si bas… »

Stahl s'était levé, se tenant debout devant le jeune homme en marmonnant. La façon dont il le fixait avait quelque chose d'inquiétant. On aurait dit l'un de ces petits vieux qui répètent un mot en boucle, semblant toujours perdre le fil de leur pensée, s'éloignant de la réalité, sans qu'il soit possible ni de les comprendre ni de les ramener à la raison. Son regard fiévreux se posa ensuite sur la fille. Elle s'était endormie après avoir vaguement remonté un châle sur ses jambes. Ce n'était pas la première fois qu'il assistait aux déviances d'un type sur l'une de ces paumées tapinant place Znamen. Mais celle-là le touchait. Peut-être parce qu'elle se recroquevillait comme une petite fille. Que l'enfance subsistait là, dans le sommeil. Les songes apaisaient ce corps replié sur lui-même, l'extirpaient des abus. S'il prenait à l'autre l'envie de reposer sa main sur sa cuisse, Stahl se sentait capable du pire. La venger, elle, pour toutes celles sur lesquelles il ne s'était pas retourné. Le Français s'enfonça dans son siège, serrant ses genoux comme un écolier sur le point de se faire dessus.

« Allez, arrêtez vos conneries, s'interposa Vassili. Venez trinquer au couronnement du tsar Nicolas II ! »

Stahl saisit deux coupes, l'une pour lui, l'autre pour le Français, qui s'empressa de l'accepter. « Vive le tsar Nicolas II, vive la Russie, ses putains et nos enfants ! » gueula-t-il. Son interlocuteur balbutia un « Vive le tsar ! », buta sur « ses putains », omettant les « enfants ». La gamine nicha son front entre deux coussins pour se préserver du bruit. Une fois sa coupe bue, le Français repartit sans elle, oubliant de lui payer ce qu'il lui devait.

Le lendemain, la nouvelle circula de salon en salon, à voix basse. L'esclandre de Stahl avait été éclipsé par une autre tragédie. Celle-ci avait déjà un nom : Khodynka. Depuis le matin, sa seule évocation faisait baisser les yeux des uns, tendre l'oreille des autres. On se refilait sous le manteau des dessins caricaturant le nouveau tsar dansant et buvant sur un monceau de cadavres. C'était à celui ou celle qui en saurait le plus. Et la femme de Stahl, Gregoria, avait trouvé un moyen imparable de briller : recevoir dans son salon celui que toute la Russie écoutait, même quand il ne parlait pas : Nikolaïevitch.

Un cercle s'était formé autour de l'écrivain et de sa femme quand Vassili et Maria arrivèrent. « Moi, la politique, tu sais... » avait-il lancé avant de filer dans un boudoir, impatient de découvrir les derniers airs d'opéra dénichés par Stahl. Maria préféra prendre une chaise pour écouter le récit de cet homme au regard sévère, accentué par sa roubakha de lin noir. Nikolaïevitch impressionnait par son silence. Autour de lui, seuls les éventails papillonnaient. Et même ce léger bruissement paraissait déplacé. Tous étaient suspendus à son émotion, guettant ses premiers mots, leur intelligence, se figurant que celle-ci était contagieuse. Il se mit à les dévisager en souriant, de ces sourires singuliers qui n'ont aucun sens, excepté pour ceux qui savent que, parfois, le corps se défend contre l'horreur par une indifférence de façade.

« Voyez-vous, mes amis, je suis là, devant vous. Mais ne vous fiez pas aux apparences. Je suis encore là-bas », souffla-t-il, calme, marquant de longues pauses entre chaque phrase tant celles-ci lui pesaient. « Hier, Sophie et moi avions été placés dans la tribune impériale avec une poignée de privilégiés… En attendant le lâcher de montgolfières, prévu un peu plus tard dans la matinée, nous profitions de vins précieux, de mets délicats et autres sottises ronflantes. L'air était extraordinairement doux, les conversations banales, mais, somme toute, habitées d'une joie enfantine qui aidait à passer le temps. Notre tribune surplombait le champ de Khodynka. Pour ceux d'entre vous qui ne connaissent pas cet endroit, imaginez un terrain à perte de vue, çà et là troué de puits creusés dans le sol et, plus loin, bordé d'un ravin. Comme vous le savez, à l'occasion du couronnement, l'empire avait promis d'y distribuer gratuitement des saucissons, des noisettes, des breloques à quatre sous. Avant même le lever du jour, cent mille personnes s'y étaient amassées. Des familles entières, de pauvres diables, partis de nuit, à pied, à cheval ou en calèche, espérant arriver à temps pour remplir leurs paniers. À l'aube, leur nombre avait doublé. À neuf heures, quand Sophie et moi sommes arrivés, ils étaient plus d'un demi-million à piétiner d'impatience dans une mer de boue. Les mômes restaient sagement sur les genoux des plus grands ou hissés sur les épaules de leurs parents. Ils avaient installé les vieux sur des tabourets. D'autres s'accrochaient à leur canne. Attendaient. Une cacophonie heureuse balayait cette foule compacte, animait les visages marqués par la fatigue, creusés par la faim. Au fil des heures, nous avons vu la houle des corps s'épaissir. Plus il en arrivait, plus la tension montait. Chacun pressait celui, devant, d'avancer, d'avancer encore et de se serrer davantage. Tous essayaient de se rapprocher au plus près de ces cabanes en bois où devait avoir lieu la distribution. Il était évident qu'il n'y en aurait pas pour tout le monde.

À dix heures, quand la garde ouvrit l'accès aux petites maisons, cette foule avide y déferla par vagues. Les cris succédèrent aux chants, aux rires. Pris en étau dans le mouvement des corps, bousculés de toute part, les enfants échappèrent aux bras de leurs parents, les vieux tombèrent, le visage dans la boue, sans parvenir à se relever. Un tonnerre de pas s'abattait sur eux, les clouait au sol, les y enfonçait. Pour se protéger, certains remontèrent leurs bras sur la tête, avalant des poignées de terre. D'autres rampèrent, à l'aveugle, avant de basculer dans un puits ou de dévaler le ravin. La plupart des gens ont… » Il s'arrêta au milieu de sa phrase, reprit plus calmement encore : « Sur l'estrade, la plupart des invités ont continué à profiter des brioches et des boissons en ne se rendant compte de rien. C'est que la foule était si dense, si étendue. Jusqu'à ce que, par endroits, cette masse houleuse s'écarte en larges cercles. Plus le cercle se déployait, plus il laissait apparaître, en son ventre, des amas colorés, entremêlés, se confondant avec la boue. Alors, seulement, le silence se fit. Car, en plissant les yeux, on comprenait qu'il ne s'agissait pas des déchets laissés par la foule, mais de corps. Des centaines de corps déformés, les vêtements et les peaux souillés de terre et de sang. Bientôt, ces charniers à ciel ouvert proliférèrent un peu partout sur le terrain. Des cercles, taches sombres, se démultipliant... à l'infini. Mille quatre cents corps piétinés, broyés. Des colonnes de gardes arrivèrent bientôt. Ils s'empressèrent de ramasser les cadavres en les tirant par les bras, par les pieds, avant de les hisser, pêle-mêle, sur des charrettes. J'ignore où est allé ce cortège macabre. Combien parmi eux furent ranimés, jetés dans une fosse commune ou, faute de place, abandonnés sur le terrain, en attendant que leur famille identifie leur dépouille. Je ne le sais pas, mais, depuis, ma mémoire les suit. Elle est restée là-bas.

— Cela n'a pas empêché le tsar de se rendre, le soir même, au bal que donnait l'ambassadeur de France en son honneur, le coupa un jeune garçon. À ce qu'il paraît, on y a beaucoup bu et dansé !

— Sophie et moi n'y sommes pas allés, répondit Nikolaïevitch posément, cherchant à éviter que son récit ne tourne au commérage.

— Quand même, ce drame peut faire vaciller et tomber l'empire !

— Reste à savoir de quel côté, jeune homme.

— En n'allant pas au bal, vous avez été digne, s'aventura l'épouse de Stahl, fière de compter cette célébrité parmi ses invités.

— Digne ? s'étonna-t-il en souriant froidement. Vous ne m'avez pas écouté ? Moi, l'écrivain, je n'ai ni vu ni compris. Du haut de la tribune, les cris des mères, je ne les ai qu'à peine entendus. Ils étaient couverts par la musique et le brouhaha de la fête. Leurs visages horrifiés, je les ai à peine entrevus, aussitôt effacés par le mouvement d'autres visages. Depuis, ces taches sombres continuent de s'étendre, s'accrochent à ma mémoire. Je le sais, elles ne nous laisseront jamais tranquilles.

— Nous ? »

Les questions reprirent, sans que l'homme y réponde. Il plissa les yeux, semblant chercher quelqu'un, quelque chose, un peu de dignité. Il saisit la main de sa femme et se leva, sans parvenir à se redresser tout à fait. Le cercle autour d'eux se dissipa dans le salon. On se resservit en vin, on mangea davantage. Maria les regarda partir. En l'écoutant, elle s'était identifiée aux mères tentant d'extraire leurs enfants. Cette petite main qu'on tirait, tirait, pour l'amener à soi. L'effroi quand, au fur et à mesure, la petite main devenait molle, faible, puis inerte. Quand l'enfant, l'instant d'avant rieur, devenait l'enfant aux yeux vides. Il lui tardait de serrer son Tioka dans ses bras. Elle alla retrouver Vassili, resté devant ses disques d'opéra.

« Rentrons, s'il te plaît. »

Vassili ne l'écoutait pas. Il mit un autre disque, puis un dernier. Il lui parlait de son rêve, rejoindre Milan. Il voulait se rendre à la Scala, suivre des cours de chant et devenir ténor. Pendant que ses amis refaisaient le monde, il ne pensait qu'au sien.

De retour à Kiev, Vassili se remit à parler d'ennui. Ennui à l'idée de se promener en famille le long de la Desenka, ennui devant l'insistance de Tioka à vouloir jouer avec eux. Ennui, encore, de ne plus avoir d'occasions de sortir dans le monde autrement qu'en respectant les codes de la bienséance d'hôtes dont le raffinement vieillot, le goût des conversations savantes tuaient, à ses yeux, toute chance de liesse. À l'entendre, leurs amis, leur demeure sentaient le renfermé, ressemblant à ces porcelaines usées que l'on range en haut d'une armoire et qui, faute d'être utilisées, jaunissent, se lézardent, avant de se fendre. Du matin au soir, il évoquait son envie de partir vivre à Milan. Pour lui, une heure de plus passée à Kiev était une heure perdue. Un renoncement. Un échec, presque. Depuis plusieurs semaines, il restait jusque tard dans la nuit devant son gramophone. Chaque mélodie attisait ses désirs et sa rage de ne pouvoir les satisfaire. Il était malheureux.

« J'étouffe. Maria, j'étouffe. Je ne suis pas fait pour dîner à heure fixe.

— Ferme la porte de la chambre et ne crie pas comme ça, le petit dort.

— Qu'est-ce qui nous empêche de partir à Milan tous les deux, hein ?

— Tu oublies Tioka… On ne va pas lui infliger une vie de débauche.

— On n'a qu'à le confier à mes parents. Élise restera avec lui.

— Je refuse d'abandonner mon fils !

— Tout de suite les grands mots !… Il n'y en a que pour lui : ton fils !

— … le nôtre. »

Reproches, silences, insistance : les mêmes conversations reprenaient tous les soirs, pour en arriver au même point. À chaque nouvelle dispute, ses mots creusaient la distance. Maria lisait parfaitement entre les lignes. Il acceptait de renoncer à ses rêves à condition de s'étourdir de plaisirs, et elle n'était plus à la hauteur. Elle avait beau changer de tenue, dépenser des sommes folles en bijoux grossiers, fards achetés en cachette à des putains dans les faubourgs malfamés de Kiev, rien n'y faisait, il s'éloignait, ses mains s'éloignaient. Une fois dans leur lit, ses yeux ne se posaient sur elle qu'avec une lassitude faite de tendresse molle, entrecoupée de grands soupirs songeurs.

« Sois gentil, Vassili. On reparlera de voyage quand Tioka sera plus grand. Je ne dis pas non, tu vois. Je te demande juste d'attendre un peu. Il est une heure du matin, mon amour, allons dormir. »

Elle se pencha vers lui pour l'embrasser, mais il esquiva d'un :

« Non.

— Comment cela, *non* ?

— Non, Mura, tu ne sais pas embrasser.

— Quel culot ! Eh bien, montre-moi ! Allez, Vassili, montre-moi comment on embrasse.

— Très bien, madame Tarnowska, chaussez vos pantoufles de verre, on sort. »

La faune qui finissait ses nuits à l'auberge de la place Dumskaya ne venait pas entendre les réquisitoires enflammés des jeunes marxistes. Ici, l'aristocrate comme le soldat empoignaient les mêmes gobelets, de la vodka de poire qui leur déchirait l'estomac et rougissait leurs yeux. Ils attrapaient les bouteilles à pleines mains, les buvaient à pleine bouche et en faisaient autant des serveuses passant à leur portée. D'autres dansaient, imbibés d'une joie semblable à la rage. Tous cherchaient la paix dans l'excès, la vie dans la perdition, l'âme dans ses tréfonds. Et Vassili était des leurs. On le salua en habitué. Il prit Maria par la taille pour l'aider à se faufiler entre les murs défraîchis et les braillements des clients. « Allez, fais pas ta timide. » Un trio tzigane balayait la pièce de refrains populaires sous le regard un peu las de filles assises à des tables de bistrot, avachies sur leurs coudes, quand ce n'était pas sur les genoux de clients. Certaines se levaient, zigzaguaient entre les corps. Avalées par la lumière enfumée, elles rejoignaient le fond de la salle, disparaissant derrière un rideau. Des putains. Il l'avait emmenée dans un bar à putains. « Tu voulais apprendre. Alors observe, Mura, la posture des filles, leur cambrure, la fierté qu'elles distillent dans un demi-sourire détaché, la façon dont elles embrassent, surtout. » Une fille s'était assise sur les genoux d'un type, le visage bruni par le soleil et les mains aussi larges qu'épaisses. De ces mains qui étreignent ou étranglent. Elle lui resservit une pleine bolée de vin, en prit elle-même une gorgée. Puis elle remonta sa langue sur le cou ridé de l'homme, jusqu'à la commissure de ses lèvres, buvant ses baisers, offrant sa bouche autant que son palais. « Embrasse-moi comme ça, maintenant », ordonna Vassili avec humour. Un peu ivre, presque amusée, Maria s'exécuta. « Non, Mura. Ce n'est pas encore ça, rigola-t-il. Je vais te montrer. » Il siffla l'une des serveuses, l'entraîna à son tour sur ses genoux, trempa ses doigts dans son verre de vodka avant de les introduire dans la bouche de la fille. L'air éteint, elle les embrassa, les avala presque. « Tu vois, ce n'est pas sorcier. Embrasser, c'est mimer l'amour sans vraiment le faire », balança-t-il avant de dégager la serveuse d'une petite tape sur les fesses. Maria dénoua la ceinture de sa robe, la plaqua sur les yeux de Vassili.

« Bouge pas.

— Mais je ne vois rien !

— Ça, c'est pas nouveau… Bouge pas, je te dis. »

Elle fit signe à une fille qui s'ennuyait d'approcher, lui parla tout bas, tout en plaçant quelques kopecks dans sa main. Après avoir compté les billets, la fille les rangea, satisfaite, dans la ceinture de son jupon et se mit à baiser le cou de Vassili, à lui mordre la bouche. Il gémit, embrassa, toucha son épaule, caressa son décolleté, appuya sa main entre ses cuisses, se figurant qu'il s'agissait de sa femme. Il ne fit pas la différence. Quand il enleva son bandeau, il explosa de rire. Un rire irréel, avalé par le bruit, assourdi par la musique, qui fit tressaillir Maria. Au fond, dans ses bras, n'importe quelle femme faisait l'affaire. Elle était donc interchangeable. L'enjeu était le plaisir de Vassili et non le leur. Restait à entretenir cette faim-là, à traîner dans ce bouge, y ramasser ce qu'ils pouvaient de souvenirs glauques et d'images crues. Gâcher le passé pour donner une chance au présent d'exister.

Ils revinrent place Dumskaya, partant de plus en plus tard, étirant leurs rires jusqu'à l'aube. Elle, libérée de l'amour trop pur qu'elle lui portait. Lui, amoureux de ce qu'elle était en train de devenir. Quand il collait sa langue dans la bouche d'une serveuse, elle s'étonnait de ne plus être jalouse. Lui se félicitait qu'elle ne le soit pas. Un soir, ils s'installèrent à l'une des tables, à proximité des niches cachées de rideaux. Là où allaient les putains qu'on ne laissait plus faire le service, car trop usées pour aguicher en salle. Juste bonnes à grappiller les derniers kopecks dans les poches des clients, à essuyer le désir, monnayer ce qu'il en reste. En se penchant un peu, Maria parvint à voir ce qui se passait derrière le rideau. Un client était avachi sur une chaise. Un gros type aux larges mâchoires, un regard éteint. Presque doux. La fille, à genoux devant lui, déboutonnait son pantalon. Elle dégagea son sexe pour le placer dans sa bouche. Au début, elle commandait le mouvement, régulier, voire répétitif, pour ne pas dire lassant. Lui empoignait son visage en l'attrapant par les cheveux, pour accélérer la cadence. La pauvre devait s'extirper, de temps à autre, pour reprendre son souffle. Deux corps, deux personnes, qui se touchaient, mais ne partageaient rien. Si ce n'est l'urgence de jouir pour l'un et celle d'en finir pour l'autre. Qu'apprendre d'eux ? Si ce n'est la solitude de la chair quand elle se livre sans rien donner.

« Ma Mura, veux-tu que nous demandions à la tenancière de nous louer une niche comme celle-ci ? plaisanta vaguement Vassili.

— Et quel homme, au juste, suis-je censée suivre ? »

Maria se resservit à boire, la tête lui tournait. Elle parvenait à peine à dissocier les mouvements de son corps, ils s'évaporaient dans l'espace, en apesanteur, ne lui appartenaient plus. Sa bouche souriait dans une grimace idiote. Sa main, lasse et moite, s'abandonnait à Vassili, qui la tirait à lui. Il l'entraîna derrière l'un des rideaux, lui demanda de s'agenouiller, caressa sa joue – « Je t'aime, Mura » –, avant de sortir son sexe. Ses veines sinueuses et gonflées. Il sentait l'urine. Vassili l'appuya contre ses lèvres. « Ouvre plus grand, Mura. » Il allait de plus en plus loin dans sa bouche, s'enfonçant, forçant son palais jusqu'à ce qu'il rencontre un obstacle de chair. Cet obstacle le rendait fou. Ses mains s'agrippaient à ses épaules, les serraient. Il tremblait, comme de peur mais de joie. La lumière vacillait, les chants prenaient la pièce, son sexe se gonfla plus encore, il jouit. Un goût épais de sel. Elle cracha discrètement dans sa main, s'essuya le visage avec le revers de sa manche.

Les vêtements froissés, les cheveux baignés des vapeurs d'alcool, ils retrouvèrent leur chambre grise de l'aube. Elle sortit une bouteille de la table de chevet pour en boire plusieurs gorgées. Elle délaça mécaniquement son corset, retira son jupon, le laissant en boule sur le sol. Dans le miroir, son reflet était une ombre informe.

« Tu viens te coucher, Mura ? »

La petite Mura de la nuit de noces était loin. Au poids de son corps sur elle, à la façon dont sa main saisissait ses hanches pour qu'elle se tourne, elle devinait désormais quelle serait l'étape suivante. Elle s'allongea sur le ventre. Sa croupe réveillait en lui la tentation de la prendre autrement. Vassili crachait sur le bas de son dos, sa main glissait du dos aux fesses avant de la pénétrer. En ne réagissant pas, alors que seul son souffle couvrait les secondes, elle laissait planer le doute. Se soumettait-elle à son désir ou lui accordait-elle l'autorisation de lui en donner ainsi ? Elle avait appris cela, que l'audace ne devait pas être annoncée, mais inattendue. L'audace du temps aussi, celui pris à caresser le sexe de son mari, non dans la précipitation, mais avec une curiosité, une douceur, même. « Oui, se disait-elle alors, je m'aventure, vois-tu, et ton étonnement, le fait que tu n'oses plus bouger, à ton tour, de peur que je ne m'arrête, est un abandon. Nous voilà à égalité, Vassili. » Ensemble, ils s'essayaient à un bonheur différent. Cela revenait à marcher sur un fil, les yeux bandés, sans savoir quand ils allaient en tomber. Car ils tomberaient. Mais l'un comme l'autre s'imaginaient suffisamment légers pour s'envoler au lieu de se briser. Ils étaient bien.

Tioka avait mis deux heures à s'endormir. Des larmes de fatigue brûlaient encore ses joues. Maria lui caressait le front, sans se résoudre à le quitter. Pourquoi ne pas se défaire de sa cape, de ses gants et rester près de lui ? Le regarder dormir, sans autre but que de voir son visage s'apaiser.

« Vous en faites pas, madame, je ne m'éloigne pas au cas où Tioka se réveille, la rassura Élise. Je lui ferai un lait à la cannelle.

— Il en reste ? murmura Maria.

— Suffisamment.

— J'enverrai Igor en racheter demain matin.

— Oui, filez ! Vous mettez pas en retard. Je vais m'installer près de lui.

— Merci, Élise.

— Tu peux rester, si tu veux, chuchota Vassili, du palier, tout en nouant son écharpe.

— Non, non, je viens. »

Il avait hésité avant de lui proposer une soirée à l'hôtel Continental. Maria ne voyait aucune raison de ne pas y aller, habituée à fréquenter son salon de thé, avec ses serveurs gantés de blanc. Elle ignorait qu'au dernier étage, une fois la nuit tombée, l'ambiance était toute autre. Un maître d'hôtel la débarrassa de sa cape et de son chapeau, évitant son regard au moment d'ouvrir les portes de la suite. Un grand salon quelconque, presque laid. Une pénombre sans couleurs. Des murs hauts, redoublant la portée des conversations. On allait et venait, autour d'une longue table en marbre noir. Au beau milieu des coupes, des meringues et des bouteilles, un corps nu. Celui d'une femme, entre deux âges, couchée sur le ventre, le visage caché par ses cheveux bruns défaits. Une statue vivante sur son établi, d'où l'on pouvait étudier les angles, les plis de sa peau, jauger leur pâle éclat. À l'occasion, les hommes, tout comme les femmes, passaient leurs mains sur la cambrure de son dos, s'attardaient en caresses entre ses cuisses, sans s'y arrêter. On la touchait sans consommer. Et il y avait quelque chose de dérangeant dans son immobilité, corps matérialisé, émotion morte.

« Maria, si ça te perturbe, tu peux partir, lui glissa Vassili.

— Oui, peut-être. On rentre ensemble ?

— Ben non. J'ai envie de m'amuser un peu.

— Alors, je reste aussi.

— À toi de voir, Mura. »

Après s'être servi en vin, avoir chipé quelques raisins à la volée sur la table et salué de vagues connaissances, Vassili préféra le petit salon au cirque un peu grotesque du grand. Il s'affala dans l'un des fauteuils. Une fille ne tarda pas à le rejoindre, nonchalante, vêtue d'un corset défait et d'un banal jupon blanc. Elle avait jeté sur ses épaules un châle jaune aux reflets moirés, sur lequel se découpaient des bouquets de fleurs rouge. Pas vraiment belle, un peu grasse, elle s'approcha avec assurance. À la façon dont elle posa sa main couverte de bagues sur la cuisse de Vassili, Maria comprit qu'ils se connaissaient bien. « Ne reste pas debout, Mura. Prends ce siège, là, en face. » Ah, voilà donc quel était le jeu de la soirée. Regarder. Détailler les gestes, retenir les étapes qui amenaient son mari au plaisir pour, plus tard, les reproduire à l'identique dans le secret de leur chambre. Cela ne l'effrayait pas. Elle n'était pas jalouse. Au fond, cette femme, cette putain, n'était rien. Qu'un orifice. Le professeur que l'on congédie une fois la leçon apprise. Qu'un parfum qui s'évaporerait aussi vite de la peau de Vassili que son souvenir disparaîtrait de sa mémoire. La fille releva son jupon. Elle ne portait pas de caleçon. Elle se colla à la cuisse de Vassili et plongea son ventre sur ses genoux. Vassili commença par promener sa main sur sa croupe, puis la claqua. Entre deux claques, il retenait sa salive entre ses lèvres. Ses doigts laissaient sur sa peau une empreinte rouge. La Tzigane paraissait soumise ; cependant, il y avait dans son mutisme un contrôle. Celui de mettre un terme, à n'importe quel moment, au plaisir de l'autre. D'ailleurs, sans prévenir, elle se releva. Elle vint à Maria pour lui montrer son cul, l'invitant à la fesser à son tour. De la tête, Maria refusa. L'autre éclata de rire : « Suis-moi, et toi, Vassili, dégage. » Elle la prit par la main pour l'entraîner dans un autre salon, plus sombre. Sur le pourtour d'un billard traînaient une bouteille, deux coupes vides : « Grimpe là, ma belle. » Elle lui servit un verre, que Maria but d'une traite. « Encore, prenez encore. » Elle avait un accent, une voix un peu cassée. Maria se hissa sur le rebord en bois du billard. La femme trempa ses doigts dans le vin, demanda : « Je peux ? » Elle dessina une ligne sur son cou, descendit avec assurance jusque dans l'échancrure de son décolleté, répétant, doucement : « Je peux ? » Vassili se tenait sur le pas de la porte. Elle entreprit de déboutonner son corsage, Maria détourna le regard. « Elle ne veut pas voir », lança la femme à Vassili. Il s'approcha, dénoua l'écharpe autour de son cou – « Tu te rappelles, Mura, l'auberge ? » –, dont il se servit pour lui bander les yeux. Un rire de lui, et elle serait partie. Un mot vulgaire, et elle se serait échappée. Parce qu'elle ne voyait plus, elle allait ressentir. Discerner les doigts bagués de la femme relever son jupon. « Je peux ? » En gardant le silence, elle autorisait, sans savoir quoi. Dans l'échancrure du caleçon, ses doigts écartèrent les lèvres de son sexe pour la caresser. Des chuchotements, le froissement de tissus, le bruit du grincement du parquet sous des pas ne freinèrent pas son plaisir. Une autre main remonta le long de sa cuisse, plus rugueuse. Celle d'un homme. « Vassili ? » Il lui répondit : « Je suis là. » Sa voix s'était éloignée. Tandis que la femme continuait ses caresses, on écartait davantage ses cuisses. On la pénétrait. On lui pinçait le sein, on relevait son menton et on ouvrait sa bouche. La salive de celui qui l'embrassait avait le goût de l'alcool, du cigare. Vassili ne fumait pas le cigare. Elle s'abandonna à ces mouvements, les suivit, les yeux fermés. La jouissance fut un vertige, une chute. Quand elle dénoua l'écharpe, deux jeunes hommes la fixaient. Souriaient. La fille était partie. Vassili n'était plus là. Ils avaient quitté la pièce, peut-être même ensemble. Elle se sentit aspirée par le vide. Son ivresse s'altéra en nausée. Si Vassili était resté, que leur étreinte avait succédé aux autres, que ses mots l'avaient baignée de douceur, cette soirée aurait été comparable à une grande gorgée de vin. De ces ivresses qui tournent la tête et annulent les souvenirs. Cela n'était pas la jouissance qui creusait ce vide, pas même la honte, mais la solitude.

Le corps engourdi, frissonnant sous la fraîcheur matinale, Vassili et elle montèrent dans un fiacre au niveau des berges de la Desenka. Ballotté par le mouvement des roues, il s'endormit aussitôt. Pas elle. L'effet de l'alcool s'estompait, pareil à la buée sur les vitres. Elle aurait préféré qu'il fasse nuit. Que le ciel comme les ruelles restent opaques et sombres. Qu'aucune couleur ni même la pâleur du jour n'incrustent le moment. Ne l'inscrivent dans la réalité. Sa robe lui serrait le ventre. Sa tête lui faisait mal. Son corps était l'objet qu'elle laisserait, dorénavant, traîner, jusqu'à l'oublier. Il pouvait bien se plaindre.

Une nuit après l'autre, elle s'offrit à des mains s'insinuant en elle, aux parfums d'autres corps. Le va-et-vient d'un torse nu sur le sien l'effaçait à chaque mouvement davantage. Elle ne regardait pas les visages, essayant juste de ressentir cet envahissement dans sa chair pour en tirer un plaisir primaire, détaché. Succédait au plaisir une vague de tristesse aussitôt assouplie par l'alcool. « Allons embrasser le front de Tioka », se disait-elle avant de sortir. « Allons salir son front de ma bouche de putain. » Quand, le matin, elle regagnait son lit, ses membres lui faisaient mal. Une brûlure entre ses cuisses, quelques bleus sur le ventre, le visage et le sexe griffés par leurs barbes, les mains tremblant de s'être agrippées à leur peau. Le corps encaissait, sombrait. Des mois qu'elle n'avait plus ses règles, que son corset la serrait à lui couper le souffle. Des mois qui passèrent comme une et même nuit. Elle ne s'habillait qu'en fin de journée pour sortir et ne sortait que pour se donner. Ce n'était pas si grave. Du moins, cela ne l'était pas pour les autres. Et les autres, elle les suivait, s'en inspirait, à l'Auberge, à l'hôtel

Continental, imitant leur légèreté, s'imaginant pouvoir leur ressembler. Leur monde était peuplé d'inconnus mêlant leur salive à celle des prostituées, à la sienne, levant leurs verres débordant de vodka, de liqueur ou de vin pour les porter à ses lèvres. Ils riaient en chœur, tapant des mains en écoutant Vassili chanter. Elle aussi riait, dansait, tournait. La sueur lui piquait les yeux, collait ses cheveux sur son front, noyait son visage, ses vêtements, se confondant avec ces mains moites qui la maintenaient debout. Jusqu'à ce qu'au beau milieu d'une valse, une tension lui scie le ventre. Peut-être était-ce l'alcool, l'abus de sexe, le dégoût qu'elle avait d'elle-même. Elle se dégagea et traversa le salon pour se réfugier au calme dans l'arrière-salle. Il fallait juste se reposer. S'allonger, même à terre, le temps que ça passe. Un nouveau coup au ventre la plia en deux, irradia son bassin. Elle regarda autour d'elle. Personne. Les fenêtres étaient grandes ouvertes sur la nuit. Les mille éclats du lustre l'éclaboussaient de leur lumière jaune, et cette musique ! Oh, ces chants, ces violons, ils couvraient ses gémissements. Même cela, gémir, elle n'y parvint bientôt plus, sidérée par ce ventre dans lequel des mains, peut-être des centaines, étaient en train de tordre ses viscères. Les coups s'intensifièrent, plus violents, plus profonds. Un liquide chaud coula entre ses cuisses. Elle tira sur son châle pour le fourrer sous son jupon. Recroquevillée sur elle-même, elle griffa le tapis pour encaisser le mal. Allait-elle mourir ? Était-ce possible ? Crever, à plat ventre, au dernier étage d'un hôtel, incapable d'appeler ? Ses gémissements faiblirent jusqu'à n'être qu'un grognement. Quand elle reprit connaissance, des volants de couleur passaient sous ses yeux. Deux mains la retournèrent avec douceur. Elle reconnut les bagues. En la voyant prostrée par la douleur, le visage de la Tzigane se déforma de colère. Elle ordonna aux filles, juste derrière elle, d'aller chercher de l'eau chaude et de la vodka ! Elle gueula contre des clients curieux, leur fermant la porte au nez, puis revint s'agenouiller à ses côtés, lui parla doucement. Maria ne connaissait pas sa langue, pourtant, ses paroles l'apaisaient. Au son de sa voix, son souffle se régulait. La femme tira le châle trempé d'entre ses cuisses, la débarrassa de son caleçon souillé. Les filles lui amenèrent une bouteille de vodka dont la femme prit une gorgée, sans l'avaler, avant de la recracher dans la bouche de Maria. « Avale. » Elle déchira ensuite avec les dents un morceau de son propre jupon, qu'elle tourna sur lui-même de sorte qu'il forme une corde. « Mords ça. Mords fort. » Ses traits étaient graves, bons. Maria attrapa sa main et mordit la toile, la mordit, poussa. L'amour dans le regard de cette étrangère lui arracha les dernières larmes, les derniers cris, jusqu'à ce qu'une masse chaude glisse de son vagin, recueilli par ces mains tirant sur le nourrisson pour le dégager entièrement. Un petit filet de peau, un fluide épais, un amas ensanglanté et tiède suivirent. De ce gouffre de fatigue et de sueur, elle l'entendait. Dans l'autre pièce, Vassili chantait.

Sur les murs de sa chambre se dessinaient des ombres, celles des arbres dehors. Selon l'inclinaison des rayons du soleil, leurs doigts crochus se déplaçaient dans la pièce, rampant sur les tableaux, sillonnant entre les meubles, finissant par remonter sur ses draps, qu'elle tirait à elle pour ne pas les laisser la toucher. « Élise, ferme les rideaux ! » Seule Élise était autorisée à lui amener la petite Tatiana pour l'allaiter ou aider Maria à changer de chemise. Des dessous qu'on devait laver, sécher, repasser, encore et encore, plusieurs fois par jour. Ils n'étaient jamais assez propres – ou du moins, selon Maria, ne le restaient pas. Le frottement du coton contre sa peau ravivait des images diffuses, celles des corps haletants, d'un pantalon que l'on baisse, d'un torse s'écrasant sur elle. La plus imperceptible des odeurs, nichée dans le pli d'un volant ou sur la bordure de sa manche, la révulsait ; il fallait en changer. Vassili dévalisa la ville de parures de lin pour la calmer. Sur les conseils d'Élise, il occupa même une autre chambre pendant plusieurs semaines. La leur n'était plus son territoire. Elle était une grotte, maintenue dans l'obscurité pour éloigner les rayons, balayer les ombres et suspendre le temps. Ces ombres, c'était lui, c'étaient les autres, dont elle ne voulait plus. « Élise ! Les rideaux ! » La nuit, elle prenait Tioka avec elle dans le lit et Tatiana dans ses bras, qu'elle observait. Alors qu'elle l'allaitait, les doigts de la petite, minuscules, doux, identiques à des ailes de papillon, caressaient paisiblement son épaule. Ses paupières battaient de plus en plus lentement, jusqu'à ce que ses cils se déposent sur ses joues, que ses yeux se referment tout à fait, semblables à deux quartiers de lune noire. Maria la suivait dans le sommeil, où ils se retrouvaient tous les trois. Elle se servait de leur présence pour s'oublier et mettre le passé à distance.

Aux premiers jours d'été, elle mit le nez dehors. Ils firent de longues promenades dans le parc de Kiev. Élise poussait le landau, se tenant bien droite pour être prise pour une dame. Sur le chemin, Tioka s'arrêtait tout le temps, accroupi, observant des cailloux de différentes tailles, qu'il glissait dans sa poche. Maria se contentait de se laisser porter par le mouvement, de sourire. De vivre ce sourire, sans y donner de sens. Une fois, elle décida de pousser plus loin la balade dans la forêt Holosiivskyi. Si la chaleur était suffocante, le silence de la nature insufflait, à elle seule, de l'air. Près du lac, Tioka disposa ses pierres sur un rocher pour les comparer. Maria ôta son chapeau, s'allongea sur une couverture, à même la terre et l'herbe humide. Au-dessus d'elle, les griffes des arbres étaient encore là, auréolant l'azur. « Élise, passe-moi Tania. » Elle plaça sa fille sur sa poitrine, écouta le battement de son cœur contre le sien. Entre deux respirations, seuls les cliquetis à la surface de l'eau, le frémissement des feuilles la rappelaient, de temps à autre, à la réalité. Elle ferma les yeux. Goûta la paix. Jusqu'à ce que Tioka, comme son père, ne se mette à chanter, venant rouvrir la plaie.

« Élise, on rentre, ordonna-t-elle avec une violence qui fit sursauter Tioka.

— Mais, madame, j'avais emmené de quoi manger quelque chose. Et le petit a beaucoup marché depuis ce matin. Hein, Tioka, tu as faim, mon bonhomme ?

— Eh bien, Tioka va faire un effort pour sa maman en patientant. Quant à toi, Élise, merci de ne pas me contredire devant mes enfants. »

Élise s'essuya le front avec son mouchoir, le coinça dans la manche de sa blouse. Elle se hâta de ramasser couverture, panier, de redresser la capote du landau pour y coucher Tatiana. Quand elle eut fini, Maria était déjà loin devant. Ils remontèrent vers le parc au pas de course : « Allez, Tioka, avance, bon sang ! Qu'est-ce que tu es lent ! » cria Maria, se retournant sur eux. Rouge de honte, le môme courut vers Élise pour s'accrocher à sa main. C'était une bonne chose : qu'il n'arrive pas jusqu'à elle. Qu'il ne se salisse pas à son contact. Car, même ici, ses souvenirs la suivaient, ternissaient les feuilles, poissaient de boue ses souliers. Et ce soleil qui lui tapait sur la nuque ! Sortis du parc, il leur fallait encore remonter la rue Koshkaya et passer devant le Jardin botanique pour rejoindre leur appartement. Maria fit un long détour pour contourner l'une des nombreuses propriétés du grand-duc, en vain. Sur le chemin, ils croisèrent son fiacre. À l'intérieur, la femme du grand-duc, accompagnée d'une amie. En passant à sa hauteur, elles se parlèrent tout bas, choisissant sans doute des mots courtois pour chuchoter des insanités. Ah ! Si elles avaient su à quelles insanités leurs époux s'étaient livrés dans leurs dos, combien d'or ils avaient dépensé pour se payer une petite Tzigane, où traînaient leurs bouches et leurs mains avant de les poser sur elles… Si elles avaient su, peut-être auraient-elles gardé le silence. Au fond, Maria les enviait. Elle aussi aurait voulu juger les autres sans avoir à se juger elle-même.

Étrangement, le microcosme noble de Kiev ne l'avait pas exclue. Après la naissance de Tatiana, on la courtisa même avec plus de curiosité. Stahl prit de ses nouvelles, lui écrivant des télégrammes plats, mais quotidiens, s'invitant parfois à l'heure du thé, le plus souvent sans son épouse. Ensemble, ils échangeaient des banalités, survolaient les pages littéraires, s'inquiétaient des violences anarchistes, évitant d'évoquer la vie nocturne de Kiev. Tout en lui était poli, lisse, excepté quand il la regardait de biais, tout en fourrant ses doigts dans les poches de son veston, dont il ne sortait jamais rien :

« Maria, ça fait des mois que tu ne sors pas. Pourquoi ?

— Sans vouloir te vexer, Stahl, je préfère rester avec les enfants.

— Tu ne vas pas t'enterrer à vingt-six ans ?

— Plus je m'enferme, moins j'étouffe.

— Oui, oui, tu me l'as déjà dit. *La joie d'être mère, le bonheur pur de s'éloigner du monde pourri des adultes pour partager l'innocence bienfaitrice des enfants.* Si tu veux mon avis, à force, cela devient malsain.

— *Malsain*… tu t'entends ?

— Tu m'as compris. Sors, chante ! Tiens, bois ! Vis, bon sang !

— Très bien, Stahl. Alors, dis-moi, quel est le programme ?

— Venez ce soir avec Vassili. J'organise une petite fête pour les vingt-deux ans d'un ami. Il arrive tout droit de Moscou avec dans ses bagages, et je sais que cela va te parler, une toile de Constantin Somov et le dernier Tolstoï.

— Comment s'appelle-t-il ?

— Mon ami ? Stefan Bozewski.

— Non, Stahl, le dernier Tolstoï !

— Ah ! ...*Résurrection.* »

# STEFAN

Dans la troïka les conduisant chez les Stahl, chemin qu'ils avaient fait cent fois ensemble, Maria et Vassili discutèrent, des connaissances qu'ils allaient croiser, se posant les mêmes questions, y répondant sur le même ton, évasif. Les traits de leurs visages n'avaient pas vieilli. Ce n'était pas cela qui avait changé, mais un détail. Presque imperceptible. Avant, elle prenait plaisir à laisser sa main sur son épaule pendant tout le trajet. Ce simple contact, le sentir sous ses doigts, suffisait à l'aimer et, ainsi, le lui dire. Mais ce soir-là, au moment de faire ce geste banal, sa main hésita, suspendue dans le vide.

« Tu sais ce qu'on raconte sur moi, Vassili ?

— Non. Encore des histoires rapportées par ton Élise ?

— Si. Tu sais… Que Tatiana n'est pas de toi, que…

— Tu vas te taire, dit-il tout doucement pour donner aux mots une chance de s'effacer.

— Tu t'en fous ? »

Avant d'ouvrir la portière, il prit sa main, en desserra le poing : « Laisse-les parler, va. Ils ne valent pas mieux que nous. »

Sitôt les Stahl salués, Vassili disparut entre les éventails et les traînes, happé par l'urgence de boire, de s'étourdir, de découvrir de nouveaux visages et de lire dans les yeux une possible conquête. Il abordait les femmes comme l'on s'arrime à un monde, parcourt ses falaises : curieux, avide, mais déjà ailleurs. La séduction était pour lui un moyen de s'exfiltrer. Il habitait la fantaisie de l'autre pour renouveler la sienne. Et les soirées de Stahl étaient un terrain de chasse particulièrement intéressant, car elles draguaient des convives dans toute la Russie. Des inconnues qui ne savaient rien d'eux, de lui ; leur ignorance apportait cette dose d'espoir nécessaire aux rencontres.

« Maria, je te fais faire le tour du propriétaire ? Avec Gregoria, nous avons tout redécoré. »

C'était gentil de la part de Stahl de tenter de la mettre à l'aise. Il savait pertinemment que si on la saluait, elle, c'était par égard pour lui et lui seul. « Oh, Maria, ne baisse pas les yeux comme ça. Relève la tête, bon sang ! Les femmes qui te dévisagent envient ta jeunesse. Les hommes, ta liberté. Allons, viens. » Elle serra les dents et prit son bras, se concentrant sur les détails de la pièce, sans jamais poser les yeux sur les invités. Les vitraux des fenêtres représentaient un ciel azur sur lequel se découpait une cascade de feuilles de lierre. Le clou de l'exposition était sa collection de petites lampes en verre translucide dénichées en France, où se dessinaient des fleurs semblant se mouvoir dans un bain rouge et ocre. Près de la cheminée, un attroupement s'était créé. Les hommes sortaient leur binocle, les femmes échangeaient un sourire complice avec leurs amies. Au centre de leur attention : un homme décachetant l'emballage d'un tableau. Entre deux mouvements de robes, derrière une épaule nue, Maria ne perçut que les gestes de ses mains. Sans se soucier de l'impatience qui montait, il prenait le temps de défaire la toile de tout ce qui la protégeait. D'une main, il tenait délicatement le cadre, de l'autre, il coupait un à un les cordons avec la lame de son couteau. Il ôta les différentes épaisseurs de papier de soie qui filèrent sur le sol, ondulant sous la chaleur du foyer. Maria sourit à la pensée que jamais personne ne l'avait déshabillée avec autant de tact. Elle attendit que les curieux se soient usé les yeux sur le tableau, que les demoiselles se soient envolées en papillonnant autour de son propriétaire, pour s'approcher de la toile, restée adossée à une chaise. Il s'agissait d'un portrait. Celui d'une femme assoupie sur un canapé. Elle portait une robe sage. L'étoffe bleu nuit, piquée de blanc, recouvrait sa poitrine ainsi que ses bras, jusqu'aux poignets. Une décence accentuée par un col de dentelle. Le contraste entre le sérieux de sa mise et sa pose lascive était troublant. Sur son visage endormi, un peu penché : un sourire. Elle rêvait. Plusieurs mèches noires s'échappaient de son chignon. Le rose lui montait aux joues. Et si sa main droite s'accrochait vaguement à l'accoudoir, l'autre s'abandonnait dans les plis de sa robe.

« Elle vous ressemble. »

Il s'était avancé derrière elle et avait dit cela simplement, sans détacher ses yeux de sa toile. Elle en fit autant et ne répondit pas. Ils restèrent un moment à détailler le portrait, elle s'arrêtant sur la main de la femme, lui regardant les siennes. Quand elle s'attarda sur le pli de la robe, elle sentit qu'il souriait :

« Somov aime peindre les femmes endormies. Et les amoureux, aussi, ajouta-t-il.

— Et que se passe-t-il quand les amants se réveillent ?

— Maria, s'immisça Stahl, permets-moi de te présenter mon ami Stefan Bozewski, de la garde impériale. Stefan, vous avez devant vous la personne la plus étonnante qu'il m'ait été donné de connaître : la comtesse Maria Tarnowska. Il est impossible de ne pas l'aimer.

— Que vous m'aimiez, Stefan, n'a aucune espèce d'importance », répliqua-t-elle.

De toute la soirée, elle ne lui accorda pas une parole de plus. Bien sûr, elle avait remarqué l'élégance de sa nuque fine, son sourire tranquille. Elle avait aimé ses mots simples, la façon dont il les avait mis sur la toile avant de les poser sur elle. Cependant, il était comme son tableau, de ceux que l'on peut contempler des heures sans pour autant décider de les accrocher au mur de sa chambre.

« Stahl, où est passé Vassili ?

— Comme d'habitude, suis-moi. »

Une porte dérobée s'ouvrait sur le boudoir. Assis sur une méridienne, Vassili plongeait sa tête entre ses mains, enfermé et ailleurs. Il ne releva pas les yeux pour savoir qui entrait. « Voilà une heure qu'il l'écoute », chuchota Stahl en lui désignant le gramophone où tournait un disque. Maria s'installa sur le premier fauteuil venu. Au début du morceau, le piano semblait exécuter les derniers pas d'une danse.

Un duo d'accords fatigués qui finissait par s'éteindre. Seules quelques notes, tâtonnant, s'étiraient vers un ciel bas, redescendaient doucement, pour disparaître, à leur tour, tout à fait. S'échappait de ce crépuscule sonore un frisson. Et de ce frisson, une voix grave, italienne. Maria comprenait les paroles, *le scintillement des étoiles… une porte de jardin… elle entrait avec son parfum…*, il chantait cette poignée de souvenirs épars qui traversent le condamné à mort dans les heures précédant son exécution. *E lucevan le stelle…* Vassili entendait pour la première fois Caruso dans *Tosca* ; il lui racontait la séparation des corps et des âmes. Maria aurait pu l'aimer à nouveau ainsi, sidéré par une vérité que seule la musique était parvenue à lui expliquer. Mais, alors que Vassili replaçait l'aiguille sur le sillon du disque, elle se leva et quitta la pièce, refermant la porte sur lui.

« Stahl, je rentre, tu lui diras que je suis partie. »

Élise l'aida à délacer son corset avant d'enfiler une chemise. Maria avait suffisamment bu pour se sentir envahie d'un désir indistinct qui lui chauffait le ventre. Couchée, elle repensa au tableau. Elle était la jeune femme endormie, sa main gauche entre ses cuisses. Elle guida les images pour intensifier son plaisir. Ce Stefan mettait sa main sur la sienne, l'invitant à se caresser. Ils étaient devant la cheminée, elle assise sur l'une de ces chaises de bois lourd entraperçues chez Stahl. Il s'agenouillait pour relever sa robe, la robe du tableau, qu'il repliait sur ses cuisses. Il l'observait longuement. Son haleine sur sa peau. Son plaisir ne naissait pas de l'idée qu'il la touche, mais qu'il ait l'intention de la toucher. Stefan gagnait sa confiance ainsi, en laissant l'excitation s'intensifier dans la perspective d'être, peut-être, pénétrée. Tout en la regardant, il tendait la main au-dessus du feu pour réchauffer sa paume. Lorsqu'il posa ses doigts sur son sexe, elle ne distingua pas tout de suite sa peau. Une légère transpiration facilitait l'accès à ses profondeurs. Lentement, il creusait sa chair. Et plus il était attentionné, plus il s'appliquait, plus il liait son plaisir au sien. La volupté tenait à cette alliance tacite entre la confiance et l'abandon. Ce lâcher-prise concédait à l'autre le passage. La décharge de l'orgasme l'emporta. Une fièvre irradia son bas-ventre, s'étirant en spasmes. Elle s'endormit, la tête penchée et la main restée entre ses cuisses.

« Stahl nous a invités dans sa datcha pour le week-end. Il a insisté pour que tu viennes, articula Vassili, tout en mordant à pleines dents sa tartine de confiture.

— Je n'en ai pas vraiment envie. Sa femme sera là ?

— Non. Seulement notre petite bande.

— Quelle petite bande ?

— Tu les aimeras tout de suite. Daria, une chanteuse revenue des États-Unis, plus excentrique qu'elle, ce n'est pas possible ! Anna, une vague connaissance de Saint-Pétersbourg ; Stahl, bien sûr, et Stefan, le joli cœur de ces dames. Que des gens bien, Maria.

— Des gens bien "comme nous", tu veux dire ? releva-t-elle, ironique.

— Non...ce n'est pas ce que je veux dire. On peut passer à autre chose... s'il te plaît ?

— Si cela peut te faire "plaisir". Quand partons-nous ?

— Demain matin, il faut se lever très tôt. Tu t'en sens capable ?

— Idiot. »

L'air matinal lui glaça le sang. Les troïkas de Stahl et de ses amis stationnaient devant chez eux. Fagoté comme un paysan avec son long manteau en peau de mouton et sa chapka de vison, Stahl, tout pimpant, passait de l'une à l'autre en servant à tout le monde un gobelet de thé fumant. « Mura ! Viens par-là ! Attention à ne pas tomber, le trottoir est gelé. Tu te souviens de Stefan ? » En la voyant s'approcher, Stefan se leva et lui sourit. Simplement. Un peu comme un ami, ou un frère. Il n'en menait pas large, tout seul dans sa troïka tirée par un unique cheval quand les autres en comptaient jusqu'à quatre.

« Vous vous rendez compte que vous allez très certainement mourir de froid, Stefan ?

— Ha, ha, je suis voué à une mort certaine, certes ! Mais lente. Tenez, Maria, il y a là pas moins de cinq couvertures en renard et zibeline. Ainsi que, sous le siège, une cargaison de vodka pour un régiment. De quoi supporter l'agonie. Ne manque plus qu'une douce présence pour me tenir la main et recueillir mon dernier soupir.

— Si je comprends bien, vous me demandez de me sacrifier en voyageant avec vous ? Je ne suis pas certaine que Vassili soit d'accord pour me perdre. Quoique… »

Vassili leur jetait de brefs regards, tout en discutant avec Anna, son « amie » de Saint-Pétersbourg. Dès l'instant où cette ravissante blonde aux joues roses sortit son minois de la troïka pour attraper un gobelet de thé, Maria la reconnut : la bibliothèque, au dernier étage du palais du grand-duc. C'était elle qui faisait la lecture à Vassili, dont la tête reposait sur ses genoux.

« Stefan, faites-moi donc une petite place auprès de vous. Je ne doute pas qu'Anna puisse en faire une plus grande encore à mon mari. »

Stefan remonta les différentes couches de couvertures sur eux, fit claquer le fouet sur le trottoir, sans toucher le flanc de l'animal, qui prit aussitôt son élan. Une fois traversé le pont Saint-Nicolas, ils s'enfoncèrent dans la campagne bleue et pâle de brume. La route à peine esquissée, çà et là brunie par la terre, se fondait dans la neige, avant de disparaître derrière un vallon, lui-même avalé par le ciel. Si les pastels encore timides de l'aube lui étaient familiers, elle redécouvrait le silence. Et le temps du silence. Il se résumait aux frottements des rênes sur le cheval, aux tintements réguliers des grelots, au glissement linéaire des patins. Chacun de ces sons était avalé par l'horizon blanc, rendant leur présence quasi invisible. Les autres étaient déjà loin devant. Sans quitter des yeux le chemin, Stefan se pencha pour attraper d'une main l'une des bouteilles rangées sous le siège. « Maria, ouvrez-la pour moi. » Le visage engourdi par le froid, les pensées réchauffées par l'alcool, ils passèrent plusieurs heures sans vraiment parler, mais attentifs l'un à l'autre. Pas timides, juste bien. L'immensité blanche fut bientôt mangée par une touche de vert, de bleu et de gris semblant se diluer sur l'horizon. Une importante forêt de conifères ouvrait sur un lac, entouré de plusieurs bras de montagnes. Le traîneau ralentit, puis s'arrêta. « Vous connaissez la légende, Maria ? » Bien sûr qu'elle la connaissait, mais elle préféra faire semblant de l'ignorer pour qu'il la lui raconte.

« Ce lac est né du chagrin d'une femme, nommée Syn. Il y a plus de mille ans, cette jeune comtesse apprit la mort tragique de son bien-aimé, Vyr. Inconsolable,

elle inonda de larmes la vallée. On appela ce lac Synevyr, en l'honneur des deux amants, ainsi réunis.
— On les voit d'ici.
— Quoi donc, Maria ?
— Ses larmes. »

Le lac, immense, était aussi lisse et transparent que du cristal. Sur plusieurs mètres de profondeur, une constellation d'éclats blancs pavait ce bleu abyssal, identiques à des étoiles filantes. Des centaines de milliers de bulles avaient été prises au piège de la glace, alors qu'elles remontaient en surface.

Vue de la vallée, la datcha de Stahl n'était qu'un petit carré de bois rouge au sommet d'un rocher. Elle reposait sur un sol enneigé semblable au sable d'une lagune dont l'eau vient de se retirer. Seul un vent léger amenait du mouvement. Il soufflait sur le toit, détachant par vagues des traînées de poudre scintillant sous les derniers rayons.

« Je n'arrive pas à voir s'ils sont arrivés, s'interrogea Stefan à haute voix.
— Sûrement que si, regarde, tout autour de la maison, leurs empreintes. »

Il plissa les yeux et tira sur les rênes pour freiner le cheval. Maria sourit, pensant qu'il cherchait à retarder le moment d'aller les retrouver. Mais il sauta du siège, se plaça à côté de l'animal, caressa l'encolure doucement, et le guida, au pas, pour l'aider à monter les derniers mètres de pente. Elle était abrupte, escarpée et, par endroits, gelée. Le cheval aurait pu glisser et se faire mal. Celui-ci se cambra brusquement. Un premier coup de feu venait de déchirer le silence – et aussi, un peu, le temps.

Un deuxième coup de feu retentit, leur revenant en écho. Stefan se retourna vers Maria comme pour l'interroger. Saisis par l'angoisse, ils se mirent à courir, manquant de tomber, les bottes embourbées dans la neige. Jusqu'à ce qu'ils les entendent rire. Oui, rire ! Derrière la datcha, Stahl, Anna et Vassili s'amusaient à viser des bouteilles vides posées sur un tronc d'arbre mort.

« Ah, vous êtes enfin là ! » cria Vassili en les apercevant. « Mura, ramène-toi pour voir ! »

Manifestement ivre, il s'approcha pour lui prendre la main :

« Non, Vassili, je n'aime pas les armes.

— Allez !

— Non, ça me fait peur, tu sais bien. Et puis on a tous trop bu. Je suis fatiguée.

— Allez, Mura ! Te fais pas prier. Viens tirer, ou je te préviens : je jouerai à Guillaume Tell mettant une pomme sur ta tête ! » plaisanta-t-il en lui tendant le fusil.

Elle prit l'arme, la pointa au hasard sur l'une des bouteilles pleines. Le canon était trop lourd. Plus les autres voulaient la forcer à tirer, plus elle tremblait, craignant de blesser quelqu'un. Stefan s'avança derrière elle, plaça la crosse entre son bras et sa poitrine – « Serre bien » –, posa sa main sur la sienne pour guider ses doigts sur la détente – « Voilà, c'est ça. Maria, fais-moi confiance ». Mais elle ne pouvait pas. Et ces hommes qui aboyaient : « Tire, tire ! » Vassili dénoua sa cravate : « On va lui bander les yeux ! » suggéra-t-il en rigolant, avant de placer l'étoffe sur ses yeux. « Ma femme aime bien qu'on lui bande les yeux… » Leurs voix l'encourageaient, hurlements de meute. Le coup partit. Quand elle arracha la cravate, elle vit la neige tachée du rouge du vin. À son expression épouvantée, ils rirent de plus belle. Elle balança le fusil dans la neige et les laissa en plan. Plus envie de jouer, d'être leur jouet, plus du tout, plus jamais.

L'obscurité du salon tranchait avec l'éclat de la neige, au point qu'elle eut du mal à distinguer immédiatement les limites de la pièce. Le foyer de la cheminée projetait une brume orange, presque rouge. Leur amie américaine, Daria, avait abandonné une bouteille de vodka sur la table, attisé le feu dans la cheminée, puis était montée à l'étage avec son ami. La bibliothèque regorgeait de romans, de recueils de poésie. Maria en ouvrit un, au hasard, se servit un verre et se laissa tomber sur le récamier. Stefan ne mit pas longtemps à la rejoindre. « Ils sont partis chasser, riait-il. Ils ne sont pas près d'attraper quoi que ce soit. Je crains que nous ne mourions vite de faim ! » Il cessa de plaisanter en la voyant. Maria lisait. Elle avait défait ses bottines pour plonger ses pieds dans la fourrure d'une pelisse. Elle fit mine de l'ignorer et attendit un peu, pas trop, pour finir par répondre à son regard en s'allongeant tout à fait. S'y sentant autorisé, il vint s'étendre à ses côtés, lui prit le livre des mains et en fit la lecture à haute voix : « *Dans ce rêve, elle se cramponnait au rocher qui lui servait d'appui ; et pour qui eût observé alors ses yeux avides, son sein haletant d'impatience et l'effrayante expression de joie répandue sur ses traits, elle eût offert tous les symptômes de la folie.* » Maria, posant sa tête sur son épaule, termina la phrase à sa place : « *C'étaient pourtant là ses heures de plaisir et les seuls moments de bien-être vers lesquels se dirigeaient les espérances de sa journée.* » Il ferma l'ouvrage – « *Indiana*... George Sand » –, le lança sur le tapis et tendit la main pour en attraper un autre dans la bibliothèque. Il en feuilleta les pages, s'arrêta et sourit : « *Ses cheveux, tressés en une seule natte, retombent sur ses épaules d'or, ainsi que de noirs serpents. Sa voix a la douceur du miel des montagnes. Ses hanches sont minces et flexibles.* » Maria poursuivit : « *Elle aime le plaisir, sait le faire naître, et le varier.* » Stefan observa ses lèvres ourlées alors qu'elle prononçait ces mots, puis jeta un œil sur la couverture du livre – « Octave Mirbeau, *Le Jardin des supplices* » – et le lança, à son tour, sur le tapis. Suivirent Wedekind, Sacher-Masoch... Quand il lisait, elle détaillait sa barbe sur laquelle elle aurait aimé se griffer, ses cheveux, où elle imaginait promener ses doigts, et le va-et-vient de sa respiration. Une vague dont elle profitait pour se rapprocher, à chaque fois, un peu plus près. Le visage posé sur son torse, le timbre de Stefan se mêlait aux battements de son cœur. « Continue de lire », murmura-t-elle en passant sa main sous sa chemise. Elle dessina de son ongle des cercles de caresses sur son ventre. Un effleurement répété, descendant. Stefan s'assoupit sur son bras qu'elle avait placé sous sa nuque. Elle sentait presque plus ses doigts, la circulation comprimée par son poids. Mais elle ne bougea pas, ralentit sa respiration pour qu'aucun mouvement ne le réveille, ne puisse changer le cours des choses.

Il ne devait pas être si tard puisque, dehors, le bleu hésitait encore à entrer dans la nuit. Mais ils avaient beaucoup dormi. En rouvrant les yeux, ils découvrirent Vassili, debout devant eux. Il chancelait, buvait une bouteille au goulot. Étrangement, son regard passait sur leurs deux corps allongés l'un à côté de l'autre sans s'y arrêter. Maria ne fit pas un geste, à la différence de Stefan qui se releva, embarrassé. Sans leur laisser le temps de se justifier, Vassili se retourna vers la porte en criant : « Rappliquez ! Allez, bougez-vous ! Et jouez, bordel ! » Stahl et Anna entrèrent gaiement, suivis de près d'une clique d'artistes amateurs aussi soûls que leurs violons. Ils se débarrassèrent de leurs manteaux en les flanquant sur les chaises. Le violoniste et l'accordéoniste jouèrent, emplissant la petite pièce de leur musique furieuse, de leur chant nourri du manque, de leurs paroles arrachées à la misère pour exploser, brutales, en joie pure. Vassili passa sa main autour de la taille d'Anna et se mit à accompagner les paysans en chantant. Attirés par la musique, Daria et son jeune amant descendirent les escaliers. Il avait encore la chemise ouverte, et elle paraissait heureuse. Au fond, il n'y avait pas de drame. Autant ne pas se priver du bonheur qui forçait le passage. Maria tendit la main à Stefan pour sentir sa paume contre la sienne, l'aguichant, au vu et au su de tous. Elle dansa, voyageant des bras de Stefan à ceux de Stahl, de Vassili, y compris avec Anna et Daria, dont le parfum, la mine rose d'avoir fait l'amour tout l'après-midi, la faisait ressembler à ces pommes de foire à l'odeur sucrée. Entre deux danses, Maria buvait. Non pour se soûler, mais pour abrutir ce désir, étouffer le champ des possibles. Quand elle s'affala sur l'un des coussins jetés à terre, les corps au-dessus d'elle continuaient à tournoyer, se croiser, se confondre presque. La chaleur de la pièce noyait les mots et les chants dans un effluve commun. Leur cadence enivrait ses paupières, qu'elle ferma quelques secondes, puis davantage, jusqu'à sombrer dans un demi-sommeil. Stefan riait, alors elle riait elle aussi, déjà en songe.

Le froid brûlait ses mains. Elle était assise contre l'arbre, dehors. Dans la maison toute proche, on continuait à jouer des airs entraînants. « Bouge pas. » La silhouette de Vassili se découpa devant l'encre jaune des fenêtres. Il brandissait son fusil. Il plaça une pomme sur sa tête, recula de quelques mètres et mit en joue, s'apprêtant à la viser. Elle peinait à distinguer la réalité de son engourdissement. Stefan et Anna apparurent sur le palier de la porte, un peu loin, un peu flous. Elle entendit leurs pas affolés s'enfoncer dans la neige. Leurs cris : « Arrête, Vassili, arrête ! » Ils arrivèrent à temps pour le désarmer et la relever. Stefan la porta jusqu'au canapé du salon.

Il attendit qu'elle s'endorme.

Il était là.

Là.

Maria n'eut pas le temps de se demander quand ils allaient se revoir, quels mots ils échangeraient. Et combien de secondes durerait cette hésitation précédant leur regard. Dès leur retour de la datcha, Stahl et lui furent mobilisés sur le front, au Japon. Une fois encore, l'attente donna un sens à ses journées. Elle expérimenta la fébrilité avant de recevoir une lettre. Le sourire clandestin au moment de la décacheter. Celles-ci arrivèrent plusieurs jours d'affilée, puis plus aucune, pendant des semaines. Cent six lettres, écornées et brunies par le voyage, tenant sur un bout de papier ou sur plusieurs pages. Stefan n'y raconta pas la Mandchourie, l'honneur de se battre ni la peur d'y mourir. Dès les premières lignes, il évoqua de minuscules détails, des bribes d'émotions. « Te rappelles-tu, Maria, le bleu infini du lac, les étoiles prises au piège dans la glace, leur intemporalité ? » « Et toi, Stefan, te souviens-tu des vapeurs de vodka lorsqu'elles se mélangeaient à ton parfum, réchauffé par la danse, à ta peau, et de nos sourires éteints à l'aube ? » À des kilomètres de distance, l'un et l'autre revivaient les mêmes moments pour s'y retrancher. Elle de sa chambre, dont elle fermait la porte à clé. Lui d'un coin de terre et de cailloux, essayant de s'extraire du fracas incessant des obus, grattant le moindre des souvenirs pour se retrouver allongé, dévêtu, peut-être même un peu soûl, bercé par le silence blanc de la plaine, à peine chahuté par le vent quand il se cognait contre les volets de la datcha. Entre deux lettres, Maria se procurait les livres dont Stefan lui avait parlé. Il lui avait conseillé George Sand ? Elle y lut la séduction que pouvait exercer sur lui une femme libre. Il lui avait offert *Au cœur des ténèbres*, de Conrad ? Elle en déduisait que l'immersion dans une humanité tutoyant l'abîme lui avait donné le sentiment d'exister, et donc qu'il aspirait à s'affranchir des règles. Quand elle lisait, Vassili lui tenait parfois compagnie dans le salon, en nettoyant ses pistolets ou en déchiffrant une partition. Il ne la questionnait pas, ne saisissant pas ce qui était en train de se produire sous ses yeux. En consacrant ses journées à la lecture, Maria le trompait avec plus de passion qu'elle ne l'avait jamais fait.

« Élise va sortir avec les petits. Mura, t'as besoin de quelque chose ?

— De nouveaux souvenirs, de nouveaux livres.

— Lesquels ?

— Ils sont introuvables.

— Je ne comprends pas ce que tu veux, Mura.

— Je sais bien. »

À la seconde où Stahl franchit le pas de leur porte, Maria se jeta dans ses bras. En l'embrassant, elle embrassait son amitié pour Stefan ; en l'écoutant, elle attendait qu'il lui parle de lui. Le pauvre Stahl n'en revenait pas de l'intérêt qu'elle lui portait. Tout en discutant, il caressait du pouce sa peau à nu, entre sa main et la manche de sa robe. Elle se moquait bien de cette main sur son bras, souhaitait tout savoir des combats et, surtout, du retour prochain de Stefan à Kiev. Stahl écouta les mots qu'il aurait voulu recevoir, recueillit l'impatience à la place d'un autre. Plus elle le questionnait au sujet de Stefan, plus elle creusait en lui cette petite douleur qui écorche. Rien de tout cela ne lui était destiné, il était seulement le confident, le messager, un lien sur lequel Maria courait vers Stefan. S'il se cassait, elle trouverait un autre chemin pour parvenir jusqu'à lui.

« Qu'est-ce que tu as, Stahl ? Tu as un drôle de regard.

— Je suis juste fatigué.

— Quelle égoïste je suis ! Viens, je vais te faire un bon thé chaud. Il doit me rester du miel et des noix. Bah ! Je ne sais pas où Élise les a mis. Assieds-toi là, sur la chaise, si ça ne te dérange pas. Je me sens mieux dans cette petite cuisine que n'importe où ailleurs. Peut-être parce qu'elle prend la lumière et donne sur la rue. Oh ! Stahl, tu n'as vraiment pas l'air bien. Qu'est-ce que tu me caches ? C'est Stefan ? Il lui est arrivé quelque chose ? Réponds ! »

Il lui sembla qu'elle tombait de plusieurs étages, que ses membres se cognaient contre les parois, s'y brisaient. Une chute sans issue, si ce n'est le vide et, plus bas, le noir, à perte de vue. Sans même sans rendre compte, elle pleurait, oubliant où et avec qui elle était.

« Maria ! Non, il va bien. C'est pas ça !

— Quoi, alors ?

— Ah, vous me mettez tous les deux dans une drôle de situation ! Et puis, au fond, tu aurais fini par le savoir : Stefan est à Kiev. Je crois qu'il a très envie de te voir.

— Il te l'a dit ?

— Oui, Maria, il me l'a dit.

— Comme ça ? Sur ce ton passionné ?

— Oui, comme ça, sur ce ton passionné. Maria, tu exagères…

— Stahl, mon ami, mon si cher ami. J'ai une idée !

— Je ne vais pas l'aimer…

— … Mais moi, tu m'aimes ?

— Oui.

— Alors, écoute. Je te le demande. Si tu veux, même : je te supplie. Reste ici, bien tranquillement. Moi, je sors. Toi, tu attends le retour de Vassili. Il ne devrait pas tarder. Il sera fou de joie de te revoir.

Tous les deux, vous avez ma bénédiction : allez vous empiffrer dans une auberge, traîner dans un bordel, bref, là où bon vous semble. Et surtout, fais-moi une faveur : revenez tard.

— Je te déteste de me demander ça.

— Et moi, je t'aime d'accepter.

— Allez, va-t'en, avant que je ne change d'avis. »

Comme il avait l'air triste, en disant cela, fatigué par des nuits sans sommeil, souriant de lassitude, acceptant la défaite. Elle attribuait son abattement aux mois passés sur le front, mais se trompait de guerre. Il ne luttait pas contre sa mémoire, mais contre ses sentiments. Après un clin d'œil qu'elle espéra complice, elle se leva de table, passa derrière lui en ne manquant pas de poser brièvement sa main sur son épaule, puis monta dans sa chambre. Elle essaya, en toute hâte, plusieurs tenues devant la psyché, mit du parfum sur son cou, entre ses cuisses, sur la cambrure de son dos. Elle pinça ses joues pour les rougir, attrapa son chapeau et fila en empruntant la porte de service.

Dans les rues, les rayons du soleil perçaient entre les branches, parsemaient le sol de flaques claires. Maria se rappelait leur sieste dans la datcha, ses mots qu'elle prenait en baisers. Elle tira sur le fil des souvenirs et leva le nez vers le ciel, ferma les yeux et tourna sur elle-même pour mêler ces images les unes aux autres, passer de l'ombre à la lumière et laisser cette euphorie la visiter.

« Stefan Bozewski est là ?

— Absolument. Qui dois-je annoncer ?

— Oh, personne. Ne m'annoncez pas… je veux lui faire la surprise. »

Le maître d'hôtel, sorte de vieux sage dont le veston noir cachait mal un ventre bien nourri, fit gentiment « non » de la tête.

« Ça me semble un peu compliqué de vous laisser monter à l'étage, comme ça.

— Quelle porte, à droite, à gauche ? l'interrogea Maria, tout en retirant naturellement ses gants, dégrafant son chapeau, qu'elle lui remit. J'ai pour Stefan Bozewski un courrier de la plus haute importance, chuchota-t-elle, si vous voyez ce que je veux dire.

— L'empereur ?

— Disons que je suis tenue par le secret.

— Je vois, sourit-il d'un air entendu. Deuxième porte à gauche, madame Tarnowska. »

Le parfum des camélias ; le papier peint aux motifs de jardin d'hiver, avec ses plantes déployant leurs feuilles larges et leurs grappes de fruits rouges ; le bruit d'un journal dont on tourne les pages. Elle se jura de ne rien oublier. Sans se soucier des coups d'œil inquisiteurs d'une domestique, passant dans le couloir, les bras chargés de linge, elle frappa à la porte de sa chambre. Celle-ci s'ouvrit sur le visage étonné de Stefan. Il semblait dire : qu'est-ce que tu viens faire ici ? Il avait raison ; au fond, cela était une erreur. Des connaissances communes lui avaient sans doute raconté les pires choses à son sujet, évoqué les soirées du grand-duc, les hôtels et les bouges. Cela lui aurait répugné ou, pire, l'aurait excité salement. Si tel était le cas, le beau n'était plus possible, son attirance pour elle serait sans âme. Alors, oui, mieux valait qu'il ne dise pas un mot. Que tout reste ainsi, dans la pénombre, indistinct et non-dit. Stefan caressa sa joue, replaça une mèche derrière son oreille. Il l'attira par la taille avant de refermer la porte. Son désir était une sève remontant dans le creux de ses paumes. Il serra son visage dans ses mains, l'embrassa. Après avoir profité du goût de son baiser, elle fit quelques pas en arrière, regarda son sourire tranquille, sa chemise froissée et ses mains dont il ne savait que faire, attendant seulement de l'embrasser encore. Ces mains, se dit-elle, lui appartenaient, devaient saisir les siennes, vite. Elle s'allongea d'elle-même sur le lit, souleva sa robe, descendit son caleçon. « Viens. » Elle détailla la sensation de sa chair plongeant en elle, sans qu'il lui soit possible de prononcer un mot ni d'ouvrir les yeux. Un chagrin monta dans sa gorge, pareil à la joie, au début de la peur.

Juste après l'orgasme, il y eut le silence. Son visage posé sur le torse de Stefan. Une paix simple. Une respiration profonde, ralentie, proche du sommeil dans l'abandon. Puis les murmures de la rue remontèrent peu à peu, imperceptiblement, tels les premiers rayons du jour sur la plaine dessinant, çà et là, les contours encore flous. Les sabots d'un cheval claquant sur le pavé, s'éloignant, pour disparaître tout à fait ; le passage d'un couple, suivi du chant maladroit d'un enfant. Le temps, un instant suspendu, reprenait, aussi doucement que si l'on avait soufflé sur la brume. Maria se leva du lit pour prendre possession de l'espace, y laisser un peu d'elle-même. Un secrétaire sur lequel s'entassaient plusieurs courriers. Un stylo resté ouvert près de l'encrier et, au sol, sous la fenêtre dont les rideaux étaient fermés, un parterre de livres. Elle promena ses doigts sur des pages noircies de ses annotations, s'arrêta devant la psyché. Elle était hier. Elle avait seize ans. Sur son corps nu, elle revêtit sa veste d'officier de la garde royale. Le tissu était lourd, lui griffait les épaules. Par jeu, elle s'empara de son épée, mimant, face au miroir, l'attaque d'un quelconque ennemi, l'adversaire étant son propre reflet sur lequel elle pointait la lame.

« Arrête ça, Maria. »

Un sourire en coin, elle s'avança jusqu'à lui, l'arme à la main.

« Arrête ça, ce n'est pas drôle », répéta-t-il gentiment.

S'entêtant dans son désir de tirer de lui un rire, elle lui rendit l'épée, s'agenouilla au pied du lit, suppliante :

« Oh ! monsieur l'officier, épargnez-moi votre colère, baisez-moi, mais épargnez-moi !

— Arrête, je te dis ! »

Elle crut d'abord qu'il mimait l'autorité. Mais elle comprit à ses traits durcis qu'il ne plaisantait pas. Elle laissa tomber la veste et se colla contre son corps devenu rigide. Plus une once de tendresse n'animait cette main qu'elle serrait. Distance vertigineuse. Ne trouvant pas les mots, ne voulant pas croiser son regard de peur d'y lire l'abandon dans lequel il venait de la plonger, elle effleura son ventre, dans des mouvements doux, des cercles, des vagues, caressant sans jamais se poser. Il se retourna pour attraper sur la table de chevet une cigarette. Entre deux bouffées, il murmura : « Pardon. Ce n'est pas toi. » Elle passa sa main dans ses cheveux ; de ces gestes simples qui autorisent l'autre à remuer le pire. « Raconte-moi, alors. » Il commença par des mots fragmentés. « Là-bas, au Japon, à la frontière avec la Corée. C'était juste pour… enfin… on avait faim… » Il reprit une bouffée de cigarette, réprima une hésitation, et dans celle-ci mit l'horreur qu'il s'apprêtait à revivre. Elle se cala dans ses bras, continua à caresser son ventre. « Des jours qu'on attendait les ordres de Saint-Pétersbourg. À chaque victoire, on nous avait ordonné de reculer, cela n'avait aucun sens. La veille, sur le champ de bataille, le colonel Pecoula avait enfoncé sa lame dans les corps encore chauds, mais déjà morts, de ses propres soldats. Il les insultait, les traitait de lâches, leur criait de retourner se battre. Il était devenu fou, se prenant les pieds dans cette marée de cadavres. Nous avons laissé le colonel Pecoula à sa folie. Une poignée de soldats sous mon commandement, j'ai décidé que nous allions rebrousser chemin, à la lisière de Mukden, dans l'attente qu'on vienne nous y chercher. Les vivres devaient arriver par le transsibérien. Nous n'avions plus rien à manger. Stahl est tout de suite parti en éclaireur avec un officier. Ils sont revenus deux heures plus tard. Tu le connais, rieur, il brandissait une oie comme un trophée. L'officier, lui, tirait par le pied un cochon qu'il venait d'achever. Un butin bien modeste qu'ils avaient chipé dans un village, à deux pas de là. La nuit, juste avant de dormir, on a avalé des litres de vodka, les uns serrés contre les autres, sur un amas de couvertures sales. L'air était infesté de l'odeur de pus, celle des abcès s'infectant sur les jambes ou le torse de certains de mes soldats. J'avais vu mourir beaucoup d'hommes, tu sais, mais jamais dépérir. La vision d'un crâne éclaté par un obus est parfois plus tolérable que celle d'un être à l'agonie dont on ne voit pas le sang couler. Surtout quand tu connais son prénom, que pendant des semaines tu l'as vu rire ou entendu chanter. Surtout quand il sait que la fin est proche. Les yeux deviennent alors fixes, presque flous. » Il la serra davantage contre lui, pour éviter qu'elle ne voie son visage.

« Le lendemain, les plus valides et moi sommes remontés sur nos chevaux. Guidés par Stahl, avons retrouvé le village en question. Avec nos épées, nous avons embroché toutes les oies sur lesquelles on tombait. Comme une partie de chasse, avec la faim et l'enivrement qui nous tordaient les tripes. Un villageois est sorti de sa maison. Un tout petit bonhomme emmailloté dans plusieurs épaisseurs de tissus rapiécés qui lui tenaient lieu de kimono. Peut-être le patriarche. Il nous hurlait dessus, tirait de toutes ses forces sur la volaille gémissante. Cherchant à me dégager, j'ai retiré, puis avancé la lame de mon épée. L'homme suspendit ses cris de colère pour les remplacer par une stupéfaction silencieuse.

Il s'est agenouillé, très exactement comme tu l'as fait tout à l'heure. Glissant ses mains dans la terre, courbant l'échine, se plaquant au sol en marmonnant je ne sais quelle supplique. Un coup de feu a été tiré, j'ignore d'où il provenait, mais la lame l'a transpercé.

Il est resté dans cette position. Un trou noir dans le dos. Derrière lui, la porte s'est tout doucement refermée. Plus de cris, juste son gémissement, porté par le vent, effacé par la nuit.

… En rentrant au campement, ils étaient là. Les vivres. Le blé, la charcuterie qu'on nous avait promis.

— Ce n'est pas de ta faute.

— Maria…

— Pardon.

— Serre-moi.

— Oui, oui. »

Elle rentra juste avant que le jour ne tombe, que la nuit ne transforme son absence en aveu. Dès le vestibule, elle entendit les voix de Stahl et de Vassili, le grésillement d'un disque sur le gramophone. Ils n'avaient pas vu le traîneau s'éloigner ni prêté attention au bruit de la porte. Elle pouvait, quelques minutes encore, profiter du souvenir de Stefan. En se confiant, il l'avait, sans le savoir, apaisée. En confessant son crime, il absolvait les siens. L'un comme l'autre n'étaient ni purs ni idéals. Des êtres déjà tachés, abîmés, dissimulant derrière leur sourire toute la laideur de leurs actes. Se reconstruisant à partir du pire d'eux-mêmes, pour tendre, sans certitude, vers le beau. Et le beau n'est que lorsqu'on aime. Ils allaient se réparer, se nourrir de ce qui chez l'autre était parvenu à rester vivant. Elle s'appliqua à enlever ses gants, détacher les épingles de sa capeline, à étirer le temps. Elle s'attarda devant le miroir pour saluer le reflet de cette femme qu'on venait d'aimer, les traits apaisés, le teint rougi de baisers et les cheveux défaits. Elle la saluait et lui disait : à demain, peut-être. Non, pas peut-être, sûrement ! Pas l'once d'une culpabilité ne traversait son esprit. Au contraire, elle en voulait à Stahl et à Vassili de se trouver là à son retour. Leur présence l'obligeait à réprimer l'émotion qui voyageait en elle. Oh, et puis tant pis ! Vassili pouvait bien la soupçonner. S'il le demandait, elle lui dirait tout, et par le menu avec ça. La vérité était tellement plus belle que toutes les abjections qu'il lui avait fait vivre. Elle poussa la porte du salon, Vassili leva vaguement les yeux sur elle, tandis que Stahl tirait sur son cigare :

« Tiens, Maria ! Tu tombes bien. Avec Vassili, on se demandait quelle musique programmer pour le bal que je donne demain. Il y aura toute la bande, l'Américaine, Stefan…

— Maria ne viendra pas demain, le coupa Vassili, cassant. Fini les bals, les galas et les sorties pour ma très chère épouse. Des jours qu'elle n'a pas vu les enfants. N'est-ce pas Maria ?

— C'est vrai. Quel intérêt, franchement, d'aller à un bal en présence de toute l'aristocratie de Kiev ? On va quoi ? "Discuter", "danser", c'est tout ? Vassili, tu as tellement raison, cela ne serait pas du tout à la hauteur de ce à quoi tu m'as habituée ! »

Stahl avala le fond de son verre avant d'écraser son cigare : « Je crois qu'il va pleuvoir, je ferais bien de me rentrer si je ne veux pas être pris dans la tempête. » Alors qu'elle le raccompagnait, il lui saisit le bras pour l'entraîner à l'écart : « Maria, je te donne un conseil d'ami : va dormir. Vassili a beaucoup bu. Il a joué avec son pistolet toute la soirée, cela ne me dit rien de bon. » Elle promit, mais dès qu'il fut parti retourna au salon. L'idée d'être, le lendemain, privée de bal, et donc de Stefan, avait réveillé sa colère. Depuis la naissance de Tatiana, elle était parvenue à avancer les yeux fermés, à maintenir un semblant de vie normale, de couple normal, sans remuer la boue des souvenirs. Mais le brouillard venait de se dissiper, laissant place à un décor sordide. Les sofas souillés sur lesquels elle s'était allongée avec Vassili ; plus de vin dans une coupe, mais du vinaigre dans sa gorge. Pas d'amour, mais de la solitude diluée dans les rires. En la livrant à d'autres, il avait fait d'elle ce qu'elle était devenue. Une femme libre de se donner à qui bon lui semble. Oui, voilà, elle allait le remercier de l'avoir libérée de la honte de le tromper, d'avoir éloigné le rêve d'une vie paisible, d'avoir tourné en ridicule son titre de comtesse. Son rang ne l'avait pas empêchée de se frotter aux ordures en offrant ses seins à des lèvres inconnues, d'attraper des maladies en écartant les cuisses, de discuter avec des femmes de petite vertu, de partager leur matelas jusqu'à l'aube. Non, bien au contraire, son titre ne l'avait rendue que plus désirable. Pendant que lui se pavanait en chantant, on se l'arrachait, sa comtesse ! On la déshabillait pour en avoir sa part. On fouillait son ventre pour sentir si, malgré ses dentelles fines, ses bagues et ses diadèmes, elle allait jouer de son cul pareil à celui des putains. Elle était des leurs, désormais. À qui la faute ? Elle allait remercier Vassili, car, grâce à lui, elle distinguait maintenant le désir de l'amour. Si elle avait su plus tôt que ce désir bas, cherchant ses limites, et que cet amour haut, rêvant d'infini, pouvaient s'entrelacer sans rien abîmer ; si elle avait su que deux corps qui s'aimaient pouvaient sublimer en joie pure les pires débauches, alors, sans hésiter, elle aurait attendu que le destin place Stefan sur son chemin. Lui, Vassili, elle ne l'aurait même pas remarqué. Elle allait lui dire cela, se pointer devant lui, exposer son corps, encore fiévreux, humecté de plaisir, comme une toile dont il aurait lui-même décidé des couleurs, tracé les courbes, tordu l'âme. Elle était son œuvre.

Mais elle ne dit rien. Dans le salon, Vassili avait perdu de sa superbe. Il n'avait tiré aucune bouffée de la cigarette qu'il tenait entre ses doigts. La cendre échouait sur ses pieds sans qu'il s'en rende compte. Ses traits étaient creusés, inquiets. Il était un vieillard n'osant plus bouger de son siège de peur de se briser en se redressant. Maria eut pitié de lui, et enfin d'eux. Ils n'avaient, l'un et l'autre, pas trente ans, étaient tombés dans les mêmes pièges, sans pouvoir en sortir et ne sachant pas comment. En pensant à Tioka et à Tatiana dormant à l'étage, elle se rappela qu'ils avaient été heureux. Pas longtemps, mais un peu. Elle s'assit sur le bras du fauteuil qu'il occupait, sans un reproche, animée par le désir vague de sauver quelque chose.

« Il est trop tard, Mura ? Il est trop tard pour nous ? » murmura-t-il.

Elle n'eut pas le cœur de lui dire non et passa ses doigts dans ses cheveux, comme elle l'aurait fait avec un malade ou un condamné.

« Mura, j'ai pris ma décision, poursuivit-il. Nous allons partir de Kiev. Quitter cette fosse et ces gens. D'ici la fin du mois, nous irons à Milan. Tu aimes la poésie ? Nous écouterons la musique et les mots qui font de nous autre chose… que des bêtes.

— Tu cherches à m'éloigner de lui.

— Oui. »

Avec leurs centaines de pampilles scintillantes, arrogantes, des lustres de verre soufflé éclairaient la salle de bal. Le tout fonctionnait désormais à l'électricité, ce qui gonflait de fierté Gregoria, la femme de Stahl, à croire qu'elle en était l'inventeur. Ainsi accrochée en hauteur, la lumière tombait à la verticale sur les visages et les corps. La calvitie des messieurs brillait sous leurs cheveux épars ; les cernes des jeunes filles se creusaient, et leurs bijoux, habituellement étincelants à la lueur des bougies, avaient l'éclat terne d'un caillou taillé dans la glace. Près du buffet, le parfum des roses, disposées en bouquets dans de grands vases, était supplanté par celui du gibier gisant sur la table. Autant de cadavres de lièvres et de chevreuils qui voyaient défiler la belle société de Kiev devant leurs pupilles vides. Assise sur l'un des longs bancs placés tout autour de la salle, Maria observait vaguement l'orchestre. Les mouvements amples des archets sur les violons. Les doigts du flûtiste s'agitant telles les ailes d'un papillon pris au piège d'une toile. En écoutant, elle caressait machinalement les perles de son collier. Celui de

Marie Stuart, que son père lui avait offert en cadeau de noces. On avait enlevé ses perles à la jeune reine d'Écosse juste avant que le bourreau ne s'y reprenne à trois fois pour lui trancher la tête. Du moins, telle était l'histoire que ses parents lui avaient racontée. Engourdie par l'ennui, Maria se figurait le sifflement de la hache, le râle du bourreau et cette foule saisie d'effroi, puis emportée par l'excitation d'une tête que l'on sectionne, du sang atteignant les collerettes blanches de ces messieurs les juges. De quoi avait-on accusé Marie Stuart, déjà ? Oui, elle se le rappelait, d'avoir commandité l'assassinat de son mari. Le sien était là, à l'autre bout du buffet. Ses prunelles étaient sensiblement les mêmes que celles du gibier : impassibles. Depuis le début de la soirée, Vassili guettait l'arrivée de Stefan, tout en la tenant à l'œil. Certes, en la plaçant sous surveillance, il rendait impossibles leurs retrouvailles. Mais son pouvoir s'arrêtait là. Il ne pouvait rien faire contre les battements de son cœur. Et celui-ci se mit à palpiter lorsqu'elle aperçut l'uniforme bleu et or de Stefan passer la porte. Elle espérait qu'il vienne la trouver, le craignait. Elle souhaitait qu'il la cherche dans l'assistance, sachant d'avance qu'elle devrait le repousser en retour.

« Une danse ? »

Stefan lui tendait la main, malicieux. Le timbre de sa voix charriait les couleurs et les notes qui, jusqu'ici, manquaient à la fête.

« Navrée, non. »

Il chassa sa surprise en détournant les yeux et en se redressant un peu ; la salua avant de tourner les talons. Si elle ne pouvait danser avec lui, au moins s'accordait-elle le droit de le suivre du regard. L'uniforme bleu ne resta pas longtemps isolé. Un essaim de jeunes filles l'encercla. L'une se cambrait, profitant d'un éclat de rire pour poser sa main sur son épaule. L'autre gonflait sa poitrine en se mordillant les lèvres. Toutes s'offraient, sucreries blanches, rose bonbon, comparables à celles proposées sur leur plateau par les serveurs sillonnant la salle. Mais Stefan ne les écoutait pas, Maria en était certaine, il ne répondait à leurs sourires que par courtoisie. Ces gamines pouvaient déployer tous les sortilèges de la jeunesse, le laisser caresser l'idée d'une conquête, Stefan pensait à elle, aux traits noirs de ses cheveux sur son drap blanc quand ses yeux se fermaient sous le plaisir, au clair-obscur sur ses hanches alors qu'il s'apprêtait à l'enlacer. À leur jouissance, à son éclat total. Non, il n'était pas là-bas, il était hier, partageant avec elle les mêmes souvenirs et la même inquiétude. Maria voulait voir dans son attitude une tristesse la ramenant à elle. Seulement, il venait de placer sa main sur la taille de l'une des jeunes filles. Il l'entraîna sur la piste de danse. Le duo emporté par une valse, avalé par le nombre, apparaissait, disparaissait, derrière le tournis des épaules, les jaquettes noires des hommes, les vestons blancs des serveurs. Entre chaque mouvement, Maria cherchait à lire sur ses lèvres. Elle craignait qu'il évoque les livres qu'il aimait, susurre un vers de poésie, profite de cette danse pour se laver tout à fait d'elle. Elle quitta son banc pour aller à l'opposé de la salle de bal, près du buffet, en lui tournant le dos. Les invités jouaient des coudes pour se gaver de viande froide, arrosée d'une gorgée de vin rouge. On la bousculait sans prêter attention à cette silhouette, les bras figés le long du corps, qui attendait qu'on arrête les violons, qu'on cesse de parler, et qu'il traverse la foule pour venir à elle. Alors qu'elle se décida à saisir la coupe que lui tendait l'un des serveurs, quelque chose de pointu érafla son épaule et la ramena au réel dans un cri de surprise.

« Oh, je suis impardonnable, chère comtesse, j'ai perdu l'équilibre et je me suis bêtement agrippé à vous. Je vous ai blessée ? »

Deux yeux bleus perçants, fagoté à la mode des petits-bourgeois de Moscou, l'homme se confondait en excuses grotesques, dans un vocabulaire ampoulé. Et pour ne rien arranger, il tapotait son épaule avec son mouchoir afin d'éponger une dérisoire, minuscule goutte de sang. Maria le repoussa de la main comme elle l'aurait fait pour éloigner une mouche. En l'entendant crier, Stefan avait lâché sa cavalière.

« Ça va, Maria ? Merci, monsieur Prilukoff, je m'occupe d'elle », s'immisça-t-il.

L'homme serra les lèvres, repartit, humilié.

« Qui est-ce ? Tu le connais ? demanda Maria, parlant pour ne rien dire et qu'il reste auprès d'elle, surtout.

— Un avocat, je l'ai déjà croisé à Moscou. Il a bonne réputation, tu sais. Il plaide gratuitement pour les plus démunis. Il t'a blessée ?

— Pas exactement. Il m'a piquée. Cela m'a donné des frissons, regarde, j'en ai encore la chair de poule.

— Alors, nous l'appellerons "le scorpion", plaisanta Stefan. Et après toutes ces émotions, que diriez-vous, madame la comtesse, d'une danse ? »

À la première valse, elle calcula la distance entre leurs corps pour ne pas se faire remarquer, plaçant sa main dans la sienne sans la serrer, évitant d'approcher son visage du sien. À la suivante, la musique se fit plus entraînante, l'alcool portait davantage leurs pas, effaçant les murs, entremêlant les expressions, les visages. La cadence s'accéléra encore, les couleurs autour d'eux s'étirèrent en fils indistincts. Elle s'accrocha à sa main. À son contact, le trouble, la tristesse et l'envie fusionnaient en joie. Quand bien même le souffle lui manquait, elle souriait, étourdie. Après plusieurs valses, elle sentit une douleur l'irradier. Un picotement, le long de ses jambes. La musique était en train de s'effacer derrière un grondement sourd, comme un roulement de tambour. Il s'amplifiait, broyait tous les autres sons, semblait les avaler. Quelque part, la voix de Stefan se déformait dans les graves : « Maria… *Maria…* »

Maria bascula son visage en sueur sur le coussin qu'on avait placé sous sa nuque. Sa bouche était sèche, un fort mal de tête la forçait à fermer les paupières. Quand elle les ouvrit, Stefan était là, à genoux devant elle, si pâle. Elle avait perdu connaissance et il avait eu peur. Aidé de Stahl, il l'avait portée jusque dans le boudoir pour l'allonger, au calme, sur la méridienne. Une atmosphère embrumée de lumières chaudes. « Va donc chercher de l'eau. » Stefan lui obéit et quitta la pièce. La musique provenant de la salle s'estompa. Stahl pris soin de refermer la porte tout à fait. Puis il sortit une clé de son veston. Maria le vit vaguement ouvrir le tiroir d'un secrétaire. L'instant d'après, il déposait un plateau d'argent sur le guéridon, avant de tirer un fauteuil pour s'asseoir. Il souleva le bras de Maria, détacha son bracelet, la débarrassa de son gant et releva sa manche avec une infinie précaution. « Je vais te faire du bien », chuchota-t-il. Il se retourna pour prendre sur le plateau un lacet qu'il noua en haut de son bras en serrant. L'aiguille de la seringue de morphine brillait un peu. Il tapota la veine dans laquelle le sang affluait.

« T'es complètement malade ! »

Vassili empoigna Stahl par le col, le jeta au sol. Alertés par les éclats de voix, les invités s'agglutinèrent sur le pas de la porte, découvrant Stahl à terre, Vassili les traits tordus par la colère et Maria allongée sur la méridienne, le corsage dégrafé. Vassili toucha son front : « Fini les valses, Mura. Nous rentrons. » Elle s'appuya sur son épaule, se redressa, en tirant sur le pli de sa robe. Ils traversèrent la salle sous les messes basses. Sans doute ces imbéciles s'étaient-ils imaginé que, dans le boudoir, Stahl et elle… Oh, qu'ils aillent se faire voir !

Sur le palier, Stefan l'attendait bêtement avec son verre d'eau. Profitant de l'absence de Vassili, parti récupérer sa cape, Maria trempa ses lèvres, en plaçant sa main sur la sienne :

« Demain ?

— Oui, demain. »

Plus de flaques de lumière avec lesquelles jouer dans les rues, mais des ombres. Alors qu'elle rejoignait l'hôtel particulier de Stefan, une angoisse la força à ralentir le pas pour chercher de l'air, s'adosser à un arbre pour inspirer profondément. Cela ressemblait à de la peur. Mais de quoi ? Ce n'était pas de lui qu'elle avait peur, et encore moins de son désir. Oh non ! Son désir, elle allait justement le retrouver pour qu'il déferle en elle. Ce n'était pas non plus le regard en biais des domestiques croisés dans l'escalier en arrivant. D'eux, elle se moquait complètement. Non, elle ne parvenait pas à s'expliquer cette peur. Peut-être étaient-ce cette porte, ces rideaux toujours tirés. Leurs renoncements. Oui. Sans doute était-ce cette pièce, sa chambre, la seule dans laquelle ils pouvaient désormais se voir librement. Elle s'y sentait à l'étroit. Comme si on l'empêchait de marcher, de crier, et que leur histoire allait inévitablement finir par se cogner contre ces murs. Peur de ces quelques mètres carrés auxquels se résumeraient leurs moments. De cette mémoire qui devrait s'arrêter sur le pas de la porte.

De cette fièvre dont ils se lasseraient. Qu'est-ce qui ressemble plus à un baiser qu'un autre baiser lorsque l'on a embrassé mille fois entre les quatre murs d'une seule et même pièce ? Ils ne pouvaient sortir à leur guise, promener leurs souvenirs au coin d'une rue. Il leur était interdit de s'endormir sans devoir se réveiller en sursaut. Au fond, sa chambre était une prison qui enfermait les rêves, les mettait sous cloche. Pas de spontanéité possible, d'inattendu, si ce n'est dans le plaisir. Ils ne pourraient partager rien d'autre, et cela lui faisait mal et peur. Leur histoire allait s'effacer tel un mirage, une fois les rideaux ouverts. Quand il la fit entrer, elle n'avait pas encore décidé si elle l'informerait ou non de son départ pour Milan. Alors qu'il délaçait son corset, qu'il la basculait sur le lit pour lui enlever ses bottines puis ses bas ; tandis que son corps se préparait à être pris, ses pensées s'apprêtaient à le quitter. Stefan se tenait devant elle, nu. Jamais elle n'avait eu envie, comme avec lui, de passer ses lèvres sur son corps, de remonter sa main jusqu'à son ventre et de prendre son sexe dans sa bouche. Et cependant, jamais elle n'avait senti une telle urgence de partir, de refermer la porte sur cette angoisse qui se muait en peine, à mesure que son torse allait et venait sur elle. Maria se tordait de plaisir, s'accrochait en griffant à ses cuisses pour qu'il vienne, que sa peau à lui se substitue à la sienne, annulant par là même ses pensées et repoussant leur fin.

La jouissance fut un bref éclair. Elle s'allongea sur le dos, s'alluma une cigarette, goûta au silence. Ce silence de « l'après » portait ce qui pendant quelques secondes avait existé, ce sur quoi il lui fallait tirer un trait. Chez elle, les bagages étaient faits. Vassili avait retiré les billets de train, réservé les hôtels. Stefan replaça les draps sur eux et lui prit sa cigarette des mains, comme il l'avait fait de son livre, dans la datcha, au bord du lac.

« T'es bien pensive, aujourd'hui.
— Non, très exactement : j'essaye de ne pas penser.
— C'est beau ce qu'on vit… non ?
— Tout le problème est là. »

Il caressa son visage, « bouge pas, je reviens », attrapa son pantalon sur le sol, l'enfila. Il revint, une première fois, tenant un gramophone, puis avec un plateau. Il leur servit du thé et tira du coffre du gramophone une pochette. « Un jour, je t'emmènerai à Berlin, ou à Londres. Rien que pour écouter jouer cet adagio pour violon de Bach. Alors, nous repenserons à ce moment. Maintenant, Maria, écoute. Bach parle de nous. Ses mains sont les nôtres. » Il s'allongea à côté d'elle, la main posée sur son ventre tandis que le violon racontait leur histoire : des pas qui courent, des corps qui s'éprennent. Bach composait avec la vie, l'amour et le sexe. Il semblait en reproduire l'harmonie dans le chaos des sens, la douceur d'un désir trop brutal pour être contenu. Ils s'assoupirent.

Le diamant du disque grésillait dans le vide quand elle passa sa main sur la sienne avant de refermer la porte. Elle n'allait pas renoncer. Elle suspendrait le temps, tirerait un fil au-dessus du présent, le traverserait, jusqu'à ce qu'ils soient à nouveau réunis. Voilà. Cet instant ne serait pas une fin, seulement le début de l'attente.

Arrivée chez elle, elle se laissa transporter de cette vague de plaisir à une autre, alanguie, en se pelotonnant sous la couverture ; rêveuse, en s'habillant le matin. Une dernière vague l'aida à regagner l'autre rive alors qu'elle descendit l'escalier pour échouer dans le salon. Elle s'installa dans le rocking-chair, s'y bascula, ailleurs. Tioka grimpa sur ses genoux, l'interrogeant naïvement : « Tu as un secret ? » Comme tous les enfants, il devinait sans pour autant comprendre. Elle peignit du bout des doigts ses cheveux, promena son regard dans la pièce avec le détachement d'un fantôme revenu hanter les lieux de son passé. Elle se voyait ainsi, une ombre voyageant d'un monde à l'autre sans que personne en sache rien. Dans le salon, Élise couvrait déjà la commode de linges blancs pour la protéger de la poussière. Les partitions de Vassili, d'habitude jetées pêle-mêle sur le piano, avaient retrouvé leur sacoche de cuir. Dans quelle malle étaient les livres que Stefan lui avait offerts ? En quelques jours, le rez-de-chaussée et l'étage avaient été mis en sommeil. Pour combien de mois ? Vassili n'avait rien dit. Plongée dans ses pensées, Maria n'avait pas entendu les sanglots de Tatiana. Sur le tapis, allongée de tout son long, sa fille pleurait. La petite faisait ses premiers pas et tombait sans savoir comment se relever. Maria ne lui avait pas tendu la main à temps. Élise vint à son secours, lui chuchota quelques mots en français, avant de l'amener en cuisine. Elle lui offrirait un peu de confiture à goûter sur le bout de son doigt, et les larmes cesseraient.

À midi, Élise réapparut avec un bouquet de lis blancs accompagné d'une enveloppe. Maria entrouvrit les rideaux donnant sur la rue. Une troïka patientait devant la grille. Le cheval était essoufflé, une fine brume s'échappant de son corps en sueur. Elle décacheta l'enveloppe, espérant ne pas se tromper : *Ma Maria : Une balade sur les rives du Dniepr ?* Le bonheur tenait en une ligne. Il avait écrit cela pour esquiver leur silence de la veille. « Élise, va porter cette réponse au cocher. » Maria resta devant la fenêtre pour la voir remettre son mot en main propre. Elle attendit que la troïka disparaisse derrière les troncs noirs des arbres pour refermer le rideau. Bien sûr, elle devait se débarrasser du billet pour éviter que Vassili ne tombe dessus. Mais, face au foyer de la cheminée, elle ne parvenait pas à jeter ses mots dans les flammes. Elle les relut, à plusieurs reprises, s'arrêta sur la calligraphie ample du *M*, le moiré un peu vert de l'encre sur le *A*, replia le billet, qu'elle glissa dans sa manche. Elle se contenta de griffonner à Vassili un mot évasif et creux, lui donnant rendez-vous en début de soirée pour assister, comme prévu, à la première de *Fedora*, à l'Opéra. Elle ne pensait plus aux conséquences, vivait juste son désir, le plaçait au-dessus de tout. Avant même de passer un fard rouge sur ses lèvres, de traverser le vestibule, emmitouflée dans une cape de vison, elle n'était déjà plus là. La réalité de cette vie était balayée par celle qu'elle s'apprêtait à rejoindre.

Un léger sourire aux lèvres, Stefan regardait l'horizon. De l'autre côté de la rive, Kiev s'estompait, tel un nuage à la lisière de l'eau. Une aquarelle de nuances si diaphanes qu'il semblait possible d'effacer la ville entière d'un simple mouvement de main. Le vent glacial pouvait bien lui piquer les yeux et lui brûler le visage, Maria restait immobile, heureuse. Ils longèrent ensuite la berge, sans but. Au-dessus d'eux, les arbres déployaient leurs branches prisonnières du givre. Une tranchée s'était creusée sous les pas des badauds, tachant la neige d'empreintes brunes.

« Les suiveurs… murmura Maria.

— Que dis-tu ainsi dans ta barbe ?

— Tous empruntent le même chemin. Tout le monde se suit, sans jamais sortir de la route que d'autres ont tracée à leur place.

— Ha, ha, mais nous ne sommes pas tout le monde, n'est-ce pas ? »

Il l'entraîna sur le bas-côté pour l'attirer derrière un arbre. Il se débarrassa de ses gants et posa ses mains chaudes sur ses joues, interrogea ses yeux, attentif à ce qu'ils lui racontaient, avant de l'embrasser. « Qu'est-ce que tu me caches depuis hier ? » Elle se frotta à sa peau, chercha à s'y griffer. La lumière déclinait dans une brume insonore. La réalité se résumait à cet instant, avec son propre rythme : celui de leur souffle ; avec son propre paysage, intérieur. L'amour n'était plus ce sentiment que l'on recherche, mais cette sensation que l'on garde en soi. Elle ne l'entendit pas tout de suite, ce rire. Il lui fallut se dégager de l'émotion pour remonter en surface, ouvrir les yeux pour l'entendre vraiment. Un rire de femme. Artificiel. Fait pour être remarqué. Il venait du chemin, elle le reconnaissait, il était ce présent dont elle ne voulait plus.

« Je l'ai reconnue, comme elle nous a reconnus, paniqua Maria.

— Mais qui, qui ?

— Regarde discrètement, celle qui se tient sur la droite. Eh bien, j'en suis sûre, c'est Gregoria, la femme de Stahl.

— Ah oui. Ne t'inquiète pas, elle ne dira rien.

— Tu te trompes. Depuis leur foutu bal, elle me hait, sans savoir ce qui est le plus ennuyeux : que son mari ait été surpris avec moi dans le boudoir, qu'il ait essayé de me droguer ou que sa petite fête ait été gâchée. Ce soir, à l'Opéra, elle va s'en donner à cœur joie. Elle dira tout à Vassili ! Je n'irai pas.

— Mais si, tu iras, et je viendrai.

— Tu ne comprends pas. Je te parie qu'elle va maintenant nous espionner.

— Je ne pense pas. Mais dans le doute, jusqu'à ce que l'on trouve une voiture, il serait peut-être plus raisonnable de marcher loin l'un de l'autre. »

Ils regagnèrent le chemin, Stefan trois mètres devant. Au début, elle s'amusa à le convoiter de loin, comme un inconnu. Il ne se retournait pas, affichant une indifférence totale. Les trois mètres qui les séparaient devinrent six, puis dix. Bientôt, elle ne distingua plus les couleurs de son manteau, de ses bottes, sa silhouette se muait en une ombre informe. Encore quelques minutes et il ressemblerait à n'importe quel homme, dans n'importe quelle ville, et elle serait seule. Il allait dépasser le pont quand il la chercha des yeux. En la voyant statique, il revint sur ses pas.

« Ça va ?

— Tout cela n'a aucun sens, souffla-t-elle. Dans la vraie vie, nous n'existons pas.

— C'est faux, Maria. Nous ne vivons que le meilleur, tu sais. Écoute, attends-moi là, je ne serai pas long. »

Il traversa la chaussée, sillonna entre les arbres pour atteindre la rue, où elle le perdit de vue. Avec un peu de courage, sans se préoccuper des passants, elle aurait tendu la main vers lui, jusqu'à ce que ses doigts attrapent sa silhouette s'effaçant. Capturer son image. L'enfermer dans le creux de sa paume. Avec un peu de courage, elle aurait ri devant Gregoria, si fort que leur joie mesquine aurait été balayée par la sienne. Mais elle resta muette, ne sachant quoi faire. Le jour tombait. Ses bottines prenaient l'eau. Le vent plaquait sa robe contre ses cuisses, freinait ses mouvements.

Tous les raffinements de sa toilette lui parurent si ridicules. Elle remonta sa capuche et se rapprocha des balustrades bordant la berge pour s'y accouder. Le crépuscule mangeait maintenant l'horizon. De l'autre côté de la rive, la ville n'était plus qu'une tache d'encre noire, çà et là diluée à la surface de l'eau. Elle sursauta en croisant les yeux cernés de l'allumeur de réverbères. Attifé d'une pelure grise, les chaussures emmaillotées de pièces de tissu gâtées par la neige, il arrivait droit sur elle, tenant à la main une longue tige de fer. Il la jaugea en marmonnant un « bonsoir », s'essuya le nez avec la manche de son manteau avant de tendre la tige vers la première lanterne. L'éclat radial éclipsa instantanément l'horizon. Son halo blanc absorba le peu de lumière, figeant la vie dans un rayon de quelques mètres. « Tu viens, Maria ? » Stefan la conduisit jusqu'à une troïka brinquebalante garée sur la chaussée. À l'intérieur, on avait jeté un tas de coussins et des couvertures épaisses pour donner un semblant de confort. Stefan tira les rideaux. « Tu m'en veux ? » Oui, elle lui en voulait d'avoir été seule, d'avoir froid. De s'être sentie ridicule d'aimer. Et elle n'envisageait pas de le lui pardonner. Surtout pas. Elle avait besoin de cette rancune. Besoin du sentiment de lassitude qui l'avait traversée. Une fois partie à Milan, elle pourrait l'invoquer, le gratter sans cesse comme l'on gratte une plaie. Cela l'aiderait à dénigrer leur histoire, à supporter d'être séparée de lui. Elle lui tourna le dos, à genoux sur le siège arrière, face à la fenêtre, tout comme elle le faisait lorsqu'elle était enfant. Elle croisa ses bras pour y caler son menton et voir la route défiler devant elle. La troïka rayait la neige de sillons, deux lignes noires aspirées par une étendue pâle, de temps à autre baignée par le reflet des réverbères. « Tu ne m'as même pas montré cette jolie robe de velours », tenta-t-il. Sans décrocher les yeux de la route, Maria se défit de sa cape, se cambra un peu. Elle ferma les yeux quand il s'approcha pour relever sa robe. Elle enfouit son front entre ses bras en sentant ses doigts l'explorer sous ses jupons. Elle retint sa respiration pour anticiper l'instant où il viendrait en elle. Ce mouvement de sa chair pénétrant la sienne anéantit ses pensées. Toutes.

Encore étonné de sa jouissance comme de son impudeur, Stefan l'enveloppa dans sa cape. Elle retint son odeur, n'en garda qu'une émotion ; celle-ci ferait, avec elle, le voyage. La troïka entrait maintenant dans le vieux Kiev, ses murs défraîchis et ses rues étroites. « J'ai froid et soif », lâcha-t-elle enfin. « Très bien, madame la comtesse », sourit-il, avant d'ordonner au cocher de se garer. Quelques mètres plus loin, Stefan sortit pour filer vers la première échoppe venue. Il tourna au coin d'une ruelle. Dans un chaudron, quelques braises incandescentes se consumaient. Une vieille femme se frottait les mains pour se réchauffer. De la buée s'échappait de sa bouche. Elle gueulait quelque chose à un petit chien, maigre comme un clou, qui gesticulait à ses pieds. Au bout de plusieurs minutes, elle se résolut à sortir de sa poche quelque chose, un quignon de pain. L'animal se dressa sur ses pattes arrière. La main de sa maîtresse hésitait à partager, et ce simple dilemme semblait lui trouer le cœur. La porte de la troïka s'ouvrit sur Stefan tendant un gobelet de thé brûlant. Maria en prit une gorgée, guettant par la vitre, curieuse de savoir si la vieille allait porter le pain à sa bouche ou en abandonner une partie à son petit compagnon. Mais la troïka repartit, cheminant entre ces demi-ombres que la guerre et les mauvaises récoltes avaient hier arrachées aux campagnes pour les vomir dans les caniveaux de Kiev. Des corps en sursis, se carapatant dans les recoins en attendant la nuit. On devinait leur présence à leurs visages creux entraperçus alors qu'ils s'approchaient des braises. Le cocher accéléra la cadence. Par habitude, il fuyait la misère et les ennuis qu'elle charriait avec elle. Car il n'était pas rare qu'un de ces vagabonds sorte de l'obscurité pour demander quelques kopecks ou pour se jeter sous les sabots du cheval, pariant sur la providence ou sur la mort, si tant est qu'elles ne fassent pas qu'une. Ce malheur, là, dehors, Maria le haïssait, avec toute la violence du rejet de l'autre. Elle embrassa Stefan pour détourner son regard, le voler à la rue. Rien ni personne ne devait venir entacher le moment. Pas même les malheureux. Leur destin n'avait pas le droit de se mêler au leur.

À quelques rues de chez elle, elle releva ses cheveux : « Stefan, tu m'aides ? » Il inséra les épingles, une à une, et l'embrassa dans le cou avant de la recouvrir de sa capuche.

« Maria, vas-tu finir par me dire ce qui se passe ?

— Je descends là. On se voit à l'Opéra, ce soir ? »

Elle quitta la troïka sans l'informer de son départ pour Milan. Terminer le chemin à pied lui laissait le temps de disperser son bonheur. Le temps, aussi, de rappeler à soi les images, les sensations, avant de s'en défaire. « J'aime. J'aime Stefan ! » Elle le répéta à voix haute, répondant au besoin de faire exister ces mots, ici, dans les rues, qu'ils frappent aux portes des maisons, cognent aux fenêtres. Qu'on ouvre les volets pour l'entendre le dire. Il fallait bien tout ce temps, le silence de la nuit et la neige effaçant l'empreinte de ses pas derrière elle, pour se résigner à réintégrer la société, appliquer l'absurdité de ses exigences. *Bien. Pas bien. Mal, bon. Pur. Impur. Sale.* Qu'est-ce que cela avait à voir avec la joie, leur jouissance et sa peau ? Rien. Absolument rien. On voulait l'en priver uniquement parce que tout le monde n'y avait pas droit. Condamner l'inaccessible de peur de ne pouvoir l'atteindre. Voilà les principes imbéciles qu'elle était censée suivre. Elle-même les suivait, puisqu'elle continuait à marcher pour rentrer chez elle. Sa capuche était déjà retombée sur ses épaules, les épingles de son chignon ne retenaient plus que quelques mèches. Son seul acte de rébellion consistait à ne pas les remettre en place. Elle ralentit à hauteur de la grille. Leur cuisine était éclairée. Un puits de lumière jaune. Derrière la vitre : Tioka et Vassili étaient déjà à table. Dans un autre monde et dans une autre vie que la sienne, elle leur aurait chuchoté : « Maman est heureuse. Je t'aime toi aussi. Les bonheurs ne s'opposent ni ne s'annulent, ils s'ajoutent l'un à l'autre. »

Malles, valises et caisses étaient alignées dans le vestibule. Un mur de cuir, d'osier entassés, atteignant presque le plafond, réduisant le couloir à un fin corridor qu'il n'était quasiment plus possible de traverser sans tomber. Tout en cherchant son équilibre, elle se dirigea vers la cuisine et resta un instant sur le pas de la porte à observer Vassili. Il tenait la petite Tatiana dans ses bras, lui chantait un air d'opéra, articulant bien pour qu'elle puisse apprécier la mélodie et, qui sait, s'essayer à quelques babillages, encouragée par son sourire. Sur le point de s'assoupir, l'enfant basculait tendrement la tête sur l'épaule de son père. Tioka restait silencieux devant un repas qu'il n'avait pas touché. Assise près de lui, Élise leur tenait compagnie en raccommodant un ours en peluche. Auquel des deux enfants appartenait-il ? À Tioka ? Dans ce cas, quel nom avait-il donné à son ours ? Maria l'ignorait. Si elle était coupable de quelque chose, c'était de cela. Ne pas avoir recueilli ces petites émotions d'enfants qui construisent leur monde.

Elle vint s'accroupir près de Tioka qui affichait son air boudeur, les doigts serrés sur ses couverts, attendant manifestement qu'elle s'intéresse à lui. « Qu'est-ce que t'as, Tioka ? » Il pencha son visage vers l'arrière et leva les yeux au plafond pour retenir ses larmes, empêcher qu'elles ne coulent devant son père. « Qu'est-ce qu'il a ? » demanda Maria à Vassili. « Caprice », répondit-il sèchement. À ces mots, les larmes ruisselèrent, inévitablement. De honte, Tioka se cacha le visage. Maria passa ses doigts dans ses cheveux, mais Tioka repoussa son geste du coude. « Mais enfin, dis-moi ? » insista-t-elle, effrayée à l'idée qu'il se soit inquiété de son absence, en ait, par intuition, deviné la raison. Tioka finit par balbutier :

« J'veux pas partir à Milan demain.

— Ah, c'est ça ! Mais tu ne vas pas rester tout seul à Kiev ? On ne va pas te laisser chez tes grands-parents, tout de même ?

— Non, non, je ne veux pas choisir entre Kiev et vous. Je ne veux pas choisir et je ne veux pas partir. Maman, c'est ici que j'aime.

— Tu sais, Tioka, moi non plus je ne veux pas partir ni choisir. Comme toi, c'est ici que j'aime. »

Avant même de relever les yeux vers Vassili, elle savait qu'elle venait d'amorcer la jalousie qu'il refoulait depuis des mois. Il avait contenu sa rage de la voir s'éloigner un peu plus chaque jour, se répétant que cela lui passerait, que les kilomètres qu'il mettrait entre eux et Kiev effaceraient leur mémoire, la remplaceraient par une nouvelle. Qu'ils deviendraient « autres », dans un autre pays. Humilié d'avoir espéré, il accorda à sa haine le droit de passage, l'autorisa à s'engouffrer dans ses veines, à y circuler sans entraves. Il aurait mieux valu qu'il la vomisse là, sa bile, tout de suite, et qu'elle emporte le peu qu'il restait d'eux. Mais il ne hurla pas, ne dit pas un mot. Il tendit Tatiana à Élise, saisit une bouteille, la leva, telle une arme, au-dessus d'eux, la fracassa sur la table avant de quitter la pièce. Tatiana se mit à crier, à se débattre dans les bras d'Élise. Elle la serrait trop fort, de peur qu'elle ne tombe. Maria enleva Tania des bras d'Élise pour la prendre dans les siens et la posa sur son torse, comme à sa naissance, pareille à leur première sieste au bord du lac : « Tout va bien, Tatiana, tout va bien, ce n'est rien, je suis là. Je serai toujours là. Papa aussi. S'il te plaît, ma petite pomme, ne pleure plus. » Ses cris finirent par s'espacer, les sanglots par s'éteindre. Élise ramassa le verre, débarrassa la table, coupa le fil de l'aiguille de la peluche, qu'elle donna à Tioka.

« Viens avec moi te coucher, je vais te lire autant d'histoires que tu voudras. Madame, je monte aussi la petite ?

— Non, non, Élise. Je la garde avec moi le temps de me préparer. »

Quand elle passa près du salon, l'idée de proposer à Vassili de ne pas se rendre à l'Opéra lui traversa l'esprit, c'était plus sage. Mais elle se ravisa, en se disant qu'alors, elle ne reverrait pas Stefan avant leur départ pour Milan. Elle monta donc directement dans sa chambre, s'assit devant la coiffeuse, Tatiana sur les genoux, et entreprit de cacher derrière le maquillage et quelques bijoux la réalité de ce qui était en train de se produire. Elle se persuada qu'il ne s'agissait que d'une énième crise de Vassili. Rien de grave. Un éclair de jalousie, pas davantage. Impressionnant mais sans autre conséquence que la peur laissée dans les yeux de leur fille. Pour l'effacer, elle s'amusa à souffler sur la poudre de riz, en lui désignant ce nuage éphémère qui embrumait la pièce, encourageant sa petite main à l'attraper. Tatiana ne réagissait pas, fatiguée. Maria lui tendit les perles lui venant de son père. « Un jour, elles seront à toi. Regarde, si tu places le collier sur la coiffeuse, comme ça, en colimaçon, que les perles forment une couronne, puis plusieurs rangs, tu as un tourbillon magique : et hop, je tire dessus, il disparaît ! Pareil au malheur, ma petite pomme. Tout pareil. » La petite préférait détailler le visage de sa maman, mettre un doigt sur sa bouche, attirée par le fard rouge qu'elle venait de déposer. Deux doigts tendres, d'une peau presque transparente, similaire à la sienne. Maria les embrassa, une fois, puis plusieurs, exagérant le bruit du baiser, jusqu'à ce qu'elle parvienne à lui soutirer un léger rire. Il lui donna l'impression d'avoir sauvé le monde, ce rire, ou en tout cas : le leur. Il ébauchait une joie possible, construite à partir de moments comme celui-là. Quand elle se vit dans le miroir, constatant ses traits tirés, cela n'eut plus, tout d'un coup, aucune importance. Elle préféra quitter son reflet pour observer celui de son enfant. Le front haut, les cheveux plus clairs que les siens, les cils collés d'avoir trop pleuré. « Je suis désolée que tu aies eu de la peine », chuchota-t-elle. L'air de rien, Tatiana trempa ses doigts dans le fard pour les poser, à son tour, sur ses lèvres.

« Ah non, pas elle ! lança Vassili, du palier. Tu ne feras pas de ma fille…

— Tais-toi Vassili, tais-toi… s'il te plaît. Ne dis pas d'horreur devant elle. Laisse-moi m'habiller.

— T'habiller ? Ou te rhabiller ? Pendant que t'y es, Mura, profites-en pour te recoiffer ! »

Marcher. Avancer. Se tenir droite. Sourire en croisant des connaissances. Cela n'avait jamais été aussi pénible. Le Tout-Kiev s'était déplacé pour l'inauguration. On avait sorti les plus belles toilettes, accroché les médailles, glissé une rose dans la boutonnière, les cheveux, les décolletés, pour venir découvrir l'Opéra national. Rien qu'une bougie, se dit Maria, une seule bougie mal éteinte avait suffi, cinq ans plus tôt, à le réduire en cendres. Certes, la toute nouvelle décoration dissipait ce mauvais souvenir. Tout le monde regardait autour de soi, se pâmant. Maria, elle, ne voyait pas. Ni les reflets or des marbres pavant désormais le hall d'entrée. Ni la marqueterie du plancher, galaxie bleue piquée d'étoiles blanches. La beauté lui faisait mal. Elle ne voyait pas et n'entendait pas davantage Vassili. Celui-ci s'agaçait, la tirait par le bras pour qu'elle aille plus vite. Ses reproches allaient rejoindre le décor, avalés par le brouhaha des conversations. Il était un individu parmi d'autres, lui parlant seulement un peu plus fort et d'un peu plus près. Qu'il le veuille ou non, à chaque étage, elle prit le temps de s'arrêter sur le palier devant les gigantesques miroirs. Prétextant le besoin d'arranger le pli de sa robe, elle scrutait derrière son reflet les couloirs, cherchant dans les silhouettes à reconnaître celle de Stefan. Ils s'engagèrent dans la galerie menant à leur loge, elle ferma brièvement les yeux pour invoquer sa présence, pensant son désir capable de le faire venir à elle. Un couple d'amis, le comte Paul Kamarowsky et son épouse Emilia, violoniste, s'avança pour les saluer. Elle ne put s'empêcher de se hisser sur la pointe des pieds pour voir pardessus leurs épaules. Il n'était pas là. S'il n'était pas dans le hall, alors il était quelque part dans la salle. Une fois installée dans leur loge, elle balaya le parterre, les balcons, détaillant un à un les sièges occupés. Elle passa en revue les visages. Dès qu'elle n'y reconnaissait pas les traits de Stefan, ils redevenaient des pièces sur un échiquier, des figurants dont on avait gommé la présence. Ils disparaissaient. La salle était vide, et elle y était seule.

La lumière déclina, emportant les voix, le bruissement des étoffes, avant que le silence ne soit total, que la vie n'abandonne la salle pour renaître sur le rideau se levant. Il se peut que l'orchestre se soit alors mis à jouer. Que les chanteurs soient entrés en scène. Que leurs costumes, formes bariolées, se soient déplacés sur le plateau, bougeant les bras, mimant le drame, la souffrance ou la joie devant les décors de carton se succédant derrière eux. Il se peut même que le public les ait applaudis ou sifflés. Cela était fort probable. Mais Maria ne s'en aperçut pas. Il y avait un silence qu'elle était seule à entendre. L'obscurité était une alliée. Elle pouvait refermer les yeux pour jouer sa propre musique, leurs paroles échangées cet après-midi-là. Sourire à ce qu'elles lui évoquaient, tordre ses traits à la douleur de le perdre. Elle était nue. Personne ne le vit, mais elle était nue, dans ses bras. Et il la touchait. Encore un peu, et elle parviendrait à sentir ses doigts courir sur sa peau, à ressusciter sa voix par-dessus celle des cantatrices et des cuivres.

À l'entracte, Vassili se rendit au bar, et ce fut un soulagement. Elle resta à sa place, cadenassant son émotion, le regard dans le vide. Le vide, c'étaient eux, en bas, en haut, devant. La vie, c'était elle. Elle n'attendait même plus que Stefan apparaisse, elle le portait en elle. À l'odeur d'alcool, elle devina que Vassili était revenu et avait choisi de s'asseoir sur un autre siège, derrière elle. Il n'était plus que ça, une odeur, triste, envahissante, décuplée par l'obscurité retombant sur les visages. Elle se retourna et se résigna à lui sourire par compassion. Surpris, il répondit à son sourire et reprit sa place. Lorsqu'il lui tendit la main en pardon, elle lui abandonna la sienne, se demandant tout à coup où finissaient les astres morts. La musique monta de la fosse. La scène renvoya la lumière sur les spectateurs, se reflétant dans leurs jumelles, les colliers, s'évanouissant dans le battement des éventails. Sans se contrôler ni calculer la brutalité de son geste, elle lui lâcha la main. Elle venait de voir Stefan, au balcon opposé au leur. Il la saluait d'un mouvement de tête. Elle quitta la loge sur un approximatif « Je vais me chercher un verre d'eau ». Impatience, quand elle souleva sa robe pour remonter la galerie déserte, faire claquer ses talons sur le marbre. Les miroirs lui renvoyaient son image, la multipliaient, à l'infini. Stefan l'entraîna dans un renfoncement ouvrant discrètement sur le hall. Elle respira cette joie, la laissa la bousculer encore un peu. « On m'a dit que tu partais demain ? » De la tête elle acquiesça, la cogna contre son torse. Se cogna encore, pour se faire mal, faire partie de lui.

Quand elle revint dans la loge, elle savait que Vassili avait compris, mais il garda les yeux rivés sur la scène. Au dernier acte, l'étau se resserrait autour de l'héroïne. Son amant avait eu vent de sa trahison. Il la chassait, tandis que, suppliante, elle implorait son pardon à genoux. Dans un duo inégal, la virulence de la voix du ténor écrasait celle de la cantatrice. Après avoir délibérément avalé le poison caché dans la croix de son collier, elle mettait dans son timbre toute la douceur du renoncement. Une mélodie presque effacée, apaisée d'abandonner la lutte avant d'abandonner la vie. Au finale, elle mourait sous les yeux de son amant qui pardonnait. Vassili était hypnotisé. Sûrement s'identifiait-il à l'amant, lui qui n'était que le mari. Peut-être même l'idée de sa mort lui paraissait-elle, à l'instant, romantique.

Les applaudissements retentirent, la soie et le taffetas des robes commencèrent à se déployer. En suivant la marée de spectateurs se dirigeant vers la sortie, ils tombèrent sur les Stahl. « C'est vrai, vous partez pour de bon ? » questionna Gregoria. Vassili donnait le change, discutait. Dieu seul sait ce qu'elle lui dit dans le creux de l'oreille. Ils traversèrent le hall jusqu'à la porte principale. « Je vous raccompagne à votre troïka », insista Stahl. Elle mit du temps à enfiler ses gants, à replacer son chapeau, passa sa main sur son front, se retourna encore. Sur le parvis, les fiacres étaient alignés, leurs silhouettes grises se découpant sur l'horizon comme autant de petits personnages de plomb qu'on allait bientôt ranger dans leur boîte. Stefan l'appela du haut des marches, si fort que tout le monde se retourna sur lui. Il descendait dans leur direction. Arrivé devant elle, il prit sa main et la porta à sa bouche. Ils restèrent ainsi, muets, conscients l'un et l'autre que les secondes qui s'écoulaient étaient un aveu. Une déflagration la fit sursauter. Stefan s'écroula, visage contre terre, son sang se diluant dans la neige comme l'encre noire renversée sur une feuille de papier blanc. Il neigeait.

« Mura, on rentre. On rentre, Mura, on rentre », répétait Vassili, telle une machine détraquée, son pistolet à la main. Maria ne le regardait ni ne l'écoutait ; il n'existait plus. Elle restait près de Stefan, recroquevillé sur la neige. Elle se concentrait sur la chaleur de sa main. Au mouvement faible de ses doigts. Elle ne se releva que pour suivre Stahl, qui, aidé de son cocher, parvint à hisser Stefan dans la calèche et à l'allonger sur le siège arrière. Elle monta à son tour, glissa lentement la main sous la nuque en sang de Stefan et, tremblant, posa sur ses genoux son visage. Une béance opaque mangeait sa mâchoire. Tant de sang s'en échappait que sa robe, imbibée, lui collait aux cuisses. Les yeux clos, il respirait. Plus le galop du cheval battait le pavé, plus il avait une chance d'être sauvé. Alors elle l'aimait ce galop, elle aimait le fracas des sabots, le souffle éreinté de l'animal, la gifle du fouet sur son flanc, les lumières des lampadaires fragmentant l'horizon, défilant, à toute vitesse, le calme étrange de la nuit et l'insolente chaleur de son front sous sa main.

Dès qu'ils arrivèrent à l'hôtel particulier de Stefan, le vieux maître d'hôtel insista pour le transporter tout seul jusqu'à son lit, à l'étage, hurlant dans un dialecte qu'il était seul à comprendre. Stahl prononça quelques mots, ressortit. Il revint au cœur de la nuit avec un chirurgien, un grand monsieur dont elle ne se souvint plus tard que de la barbe blonde. Il ne dit pas grand-chose. Il banda le visage du blessé après lui avoir injecté une forte dose de morphine. « Comment ça se présente ? » le questionna Stahl. « Nous allons essayer de le tirer de là. D'abord, arrêter l'hémorragie. Puis éviter l'infection. Dans une ou deux semaines, je pourrai peut-être l'opérer. Mais, en attendant, il ne doit pas bouger la tête, pas même d'un centimètre. » La balle avait arraché la partie gauche de sa mâchoire. Il leur expliqua qu'ils devaient prêter attention à ce que son visage repose toujours sur le côté resté intact. Aucune pression ne devait s'exercer sur le bandage recouvrant la plaie. « Il va vivre », se dit Maria, se gardant bien de se le faire confirmer. Dans cette chambre, ils avaient fait l'amour, elle ne voulait pas savoir si elle s'apprêtait à y veiller un mourant. Elle s'assit sur le fauteuil, reprit sa main, convaincue que, si elle la lui lâchait, il mourrait à l'instant. Leur chaleur commune retenait la vie. Il s'agissait de cela, quand ils s'aimaient, retenir la vie. Stahl ferma les rideaux, ne laissant allumée qu'une unique lampe. Oui, la pénombre, cela était bien. Cela leur ressemblait. Maria se pencha sur Stefan pour juger de son souffle. Il la regarda, incrédule, incapable de prononcer un mot, puis sombra dans un sommeil artificiel.

« Maria, tu tombes de fatigue. Si tu comptes rester, alors on va se relayer. Il y a dans l'antichambre un vieux sofa sur lequel tu peux te reposer.

— Plus tard, vas-y, toi.

— Très bien, je vais dormir une petite demi-heure. Appelle-moi, si… je ne suis pas loin. »

Maria déboutonna sa robe, dégrafa son corset devant la psyché. Elle se remémora leur première fois. La peur et la colère de Stefan lorsqu'elle avait saisi son épée. Ne sachant que faire de ce souvenir, elle détourna le regard de son reflet. Sur le secrétaire étaient entassées les lettres qu'il venait de décacheter, celles qu'il s'apprêtait à écrire. Sur le dossier de la chaise, l'uniforme qu'il portait lorsqu'ils s'étaient rencontrés chez les Stahl. Elle trouva dans l'armoire un kimono en soie rouge et vert qu'elle enfila sans le refermer. Puis elle vint s'allonger contre lui, peau à peau, posant sa joue sur son ventre. Ainsi pouvait-elle sentir la vie papillonner à l'intérieur. Ses yeux peinaient à rester ouverts. Au mur, était accroché le tableau de la femme à la robe bleue dont elle enviait maintenant la candeur rêveuse. Quand Stahl la trouva assoupie, il la recouvrit d'un drap et retourna sur le sofa pour s'injecter l'une des seringues de morphine laissées par le médecin.

Pendant presque dix jours, Stahl et elle furent un corps qui porte l'autre. Une force qui doit sustenter aux besoins du blessé. Il fallait juste se maintenir debout. À tour de rôle, manger de quoi rester éveillé, boire un peu et ne pas sombrer. D'autant que le médecin venait à différentes heures du jour et de la nuit pour refaire les bandages. Maria s'asseyait alors sur le fauteuil. Après avoir ausculté Stefan, ce grand bonhomme plaçait sa main sur l'épaule de Maria. Plus elle pesait sur elle, plus l'inquiétude de l'homme passait en elle. Mais elle ne posait pas de questions, de peur d'entendre les réponses. Après ses visites, Maria se frictionnait la poitrine, les aisselles à l'eau de Cologne. Elle voulait que Stefan sente sa peau, l'odeur de la lavande et non celle de l'éther. Sous les yeux de Stahl, elle relevait l'étoffe qu'elle coinçait dans la ceinture, au niveau de la hanche, et trempait, essorait à nouveau le linge pour rafraîchir son entrejambe. Elle tirait ensuite ses cheveux en chignon, changeait l'eau de la bassine pour y baigner son visage. Que Stahl soit présent ou non n'avait aucune espèce d'importance. Elle allait se coller à Stefan pour le laver à son tour. La pisse, le sang, le pus, ça ne la répugnait pas. Quand il ouvrait les paupières, pour les refermer aussitôt, elle espérait qu'il n'ait pas le temps de comprendre que sa vie tenait à un fil. Lire dans ses yeux la peur l'effrayait presque autant que de le perdre.

« Maria ! »

Faisait-il jour, déjà ? Peut-être, ou peut-être pas. Le cri de Stahl la tira de sa somnolence. Elle redressa la tête. Le bandage de Stefan était imbibé d'un liquide jaunâtre, suintant sur son cou, baignant sa chemise. Son visage semblait plus lisse, presque osseux. Il respirait fort, amplement. Son torse se gonflait, cherchant de l'air. Semblant ne pas y parvenir, il gardait la bouche ouverte. Son souffle marquait un temps d'arrêt de plus en plus long entre chaque respiration. Un râle épuisé, rauque, commença à remonter de sa gorge. Stahl dévala l'escalier, courant pieds nus dans la rue après la calèche du médecin pour la rattraper. Ils entrèrent tous deux éreintés. Le médecin ne prit pas le temps d'ôter son manteau. Juste celui d'enlever ses gants. Il tira gentiment Maria par le bras pour qu'elle lui abandonne sa place sur le lit. Il plaqua sa joue contre la chemise trempée de sueur et de pus. Il mesura à nouveau son pouls et finit par écarter le bandage avant de le remettre soigneusement, sans s'attarder sur la blessure. Puis il resta, plusieurs minutes, la tête baissée et la main bien à plat sur le torse de Stefan. Sans leur accorder un regard, il rejoignit péniblement le secrétaire, dont il alluma la lampe. Il en déblaya avec soins les papiers. Après s'être laissé tomber sur la chaise, il sortit de sa sacoche un stylo et son carnet de cuir. Alors, seulement, il releva les yeux vers eux et leur adressa la parole, tout doucement, comme s'il s'adressait à des enfants :

« Il faut que je prévienne la police, maintenant. Une bagarre, c'est une chose, mais un meurtre…

— Mais… enfin, il n'a pas bougé ! Pas d'un centimètre, comme vous l'aviez demandé ! protesta Maria. Vous voyez bien qu'il dort !

— Madame, c'est une question d'heures. Je sais que cela est pénible mais je dois me rendre à la police, et vous devez me dire qui a tiré.

— Son mari. Vassili Tarnowski, répondit sèchement Stahl, les larmes aux yeux.

— Et le nom exact de ce jeune homme ? Pouvez-vous me l'épeler ?

— Stefan Bozewski.

— Connaissez-vous son âge ?

— Vingt-trois ans.

— Nous sommes ici chez lui ?

— Oui, mais ses parents sont de Moscou.

— Prévenez-les.

— De quoi ?

— Du pire. Je reviendrai dans la matinée. Je vous laisse, sur la console, plusieurs flacons de morphine. Aidez-le. »

« Ça n'a pas de sens. Il ne peut pas y avoir d'après… » gémit-elle. Elle s'accrocha à Stahl pour qu'il la rassure. Pour qu'il contredise le médecin. Qu'il glisse dans un mot, ou même juste une attitude, un peu d'espoir. Mais il pleurait. Il n'avait pas le droit de pleurer. Elle le gifla. C'est elle qui devait pleurer, seulement elle ne ressentait rien. Ni chagrin ni joie. Qu'une fatigue écrasante. Une décharge glacée le long de l'échine. Aucun mouvement n'était plus possible. Même son cœur peinait, était sur le point de s'arrêter.

Stahl la transporta jusqu'au sofa. Il dégrafa sa manche ; « Je ne peux pas te laisser souffrir comme ça, Maria », et planta l'aiguille dans son bras. Le miel chaud de la morphine se répandit, étouffa ses sanglots qui, sous l'effet de la drogue, s'éteignirent en murmures, caressa sa peur. Ne restait plus qu'une tension, un battement, celui de ses tempes, le poids d'un corps sur elle. Un va-et-vient. Marée acide et lourde. Montant, passant entre ses cuisses. Des rochers, des griffures, on écartait ses jambes, la marée pénétrait son sexe anesthésié. Cela tirait un peu. Une douleur semblable à un bleu sur lequel on appuie et appuie encore. Un plaisir, aussi. Perfide, intolérable, mécanique. En gémissant, elle vit les traits de Stahl haletant au-dessus d'elle. Il la pénétrait avec ses doigts. Elle ne bougeait pas, basculant son visage sur le coussin, cherchant à comprendre ce qui se passait dans la chambre, à côté. La respiration de Stefan se faisait profonde, elle résonnait. Son râle ralentit, par paliers, puis tout à fait. Ce n'était plus un souffle, mais un nuage. Une brume. Une voix en train de s'éteindre. Maria dégagea Stahl pour s'avancer vers le lit. Elle approcha son visage de la bouche de Stefan et s'allongea contre lui. Une chaleur vive parcourut son amant pendant plusieurs minutes.

Et puis sa température chuta. Tandis que les muscles se figeaient, sa peau se pétrifiait, l'abandonnait au froid, à la neige, neige devenant glace, à l'intérieur. « Pareil aux empreintes de mes pas dans la neige, mon amour. Tout pareil. Ne pas marcher trop vite ; les laisser doucement être ensevelis, et rappeler à soi, encore quelques minutes, les images. Je t'aime, je t'aime. » Maria dit ces mots haut et fort, non, cette fois, pour s'entendre les dire, mais pour les lui envoyer, là où il allait.

Flou effaçant les distances et les lignes du temps, la dernière injection de morphine la maintient dans un vide dont Stefan est. À travers les barreaux de sa cellule, le bleu tire sur le violet, déjà mangé par une brume noire. Venise s'endort. Sœur Modestina est sans doute passée reprendre le plateau du dîner. Reste le vin, dont elle se ressert. Maria ralentit chacun de ses gestes, en reposant la bouteille, en buvant son verre, en soulevant le drap du lit. Elle en adoucit la pesanteur pour ne pas briser l'illusion. Aucun mouvement ne doit la dévier de son imaginaire. Aucune autre pensée ne doit faire irruption dans son esprit, au risque de chasser l'image de Stefan. Elle se recouche, se tient immobile, de sorte à garder devant les yeux son visage, à faire revivre son expression avant qu'elle ne s'évanouisse. Même le timbre posé de sa voix, elle parvient encore à l'entendre. Une nausée lui mange le ventre, celle du manque. La main sous le drap, elle se caresse, exigeant sa présence avec la violence du geste. Son chagrin monte au rythme de son plaisir. Elle sourit de douleur, invoquant toutes les émotions capables de lui faire ressentir la chaleur qui était la leur. Elle se caresse, le pleure, lui parle. *Embrasse-moi, encore et encore. Aime-moi. Tout était beau, doux. Maintenant, j'ai froid, viens.* Sa mémoire lui renvoie les derniers souffles de Stefan, indissociables du corps gras et lourd de Stahl sur elle, de son avidité à la prendre, de cette volupté immonde sous ses mains provoquée par la morphine, son venin. La nausée qu'elle éprouve la viole à l'identique, irradiante. *Je suis morte ce jour-là avec toi, Stefan. Depuis, plus de peau qui brûle, plus de frontière entre morale et immoralité, entre la réalité et cette zone grise dans laquelle la morphine me maintient, nourrissant fantasmes, apaisement, épuisement. Un fleuve d'indifférence traverse chacun de mes membres ; marionnette en bois, depuis toi, on tire sur le fil, et j'écarte les cuisses.*

« Cela fait longtemps ? L'addiction, cela se plaide, vous savez.

— Mais qui êtes-vous ? »

Maria écarquille les yeux, remontant le drap sur elle, pas tout à fait en colère, juste déboussolée, comme réveillée en pleine nuit, sauf qu'il fait jour, que le soleil baigne maintenant sa cellule. Le jeune homme repose maladroitement la seringue qu'il tenait : « Vous dormiez si profondément. Je n'ai pas osé vous réveiller. On a dû vous prévenir. Je suis le spécialiste en psychologie envoyé par le tribunal. » Le pauvre, il balbutie, bute sur les mots, intimidé par cette femme que l'on dépeint telle une ogresse et qui, devant lui, n'est qu'une personne livide partageant son malaise. Il finit par se tourner vers les portraits que Maria a accrochés au mur. Celui de Tatiana et Tioka ; une lithographie de Marie Madeleine ; ainsi que la photo du comte

Kamarowsky, sa victime. Tout en détaillant le visage du comte, il garde ses deux mains dans le dos pour donner un peu de tenue à son corps frêle, engoncé dans un costume trop noir pour son âge :

« Je suis venu pour évaluer votre degré de responsabilité dans l'assassinat…

— Dans l'assassinat de Paul Kamarowsky, ajouta-t-elle. Voyez, je finis déjà vos phrases. C'est un bon début. Comment vous appelez-vous ?

— Professeur Edoardo Weiss.

— Vous avez raison d'insister sur le titre de *professeur*, cela est impressionnant. Eh bien, Edoardo, le crime dont on m'accuse n'est pas celui que j'ai commis. C'est d'un autre crime dont je suis coupable. Et là, vous êtes censé, du moins si je comprends bien votre métier, répliquer : quel autre crime ?

— Oui, oui, quel autre crime ?

— Veuillez-vous tourner maintenant, enfin si vous permettez que je m'habille.

— Bien sûr, évidemment, pardon. »

Maria se faufile derrière le drap suspendu au fond de la cellule. Elle hésite un peu entre deux robes, opte pour la plus chargée. Celle en velours violet serti de perles grises. Elle relève ses cheveux et serre ses joues entre ses pouces pour y mettre un peu de couleur. Cachée par ce rideau de coton, elle ne sourit pas ni ne fronce les sourcils, elle ne ressent rien. Il va falloir faire semblant de vivre.

« Installez-vous devant cette petite table, si vous voulez. Je n'ai rien de mieux. J'imagine que vous allez… prendre des notes ?

— Oui, absolument, je vais prendre des notes. Revenons, revenons, balbutia-t-il, sur ce que vous m'avez dit : "L'autre crime."

— Ce crime-là ne figure pas dans vos manuels. Il tient sur un morceau de papier, un télégramme, plus exactement, de la taille de votre main. »

Maria prend sa paume et y dessine du doigt les lignes de vie.

« Quelques lignes que j'aurais dû écrire, puis envoyer. C'est pour ces quelques mots que l'on va me juger. »

Il retire sa main de la sienne, doucement, sans vouloir la vexer :

« Je ne suis pas là pour vous juger…

— Bien entendu : vous êtes là pour me "comprendre". Seulement, je vous mets mal à l'aise. N'est-ce pas ? Vous avez lu les journaux et vous avez eu peur de cette sorcière, cette dépravée. Et vous avez été attiré, de façon malsaine, par cette femme immorale qu'on accuse d'avoir causé la mort de trois hommes. Le mari, l'amant, l'ami. En d'autres termes, le Père, le Fils et le Saint-Esprit. Mais je vais trop vite, vous n'avez rien noté.

— Oui. Je lis les journaux. Ils évoquent, en effet, d'autres meurtres que celui pour lequel vous êtes inculpée aujourd'hui.

— Jetez-vous donc à l'eau. Le temps passe si vite. Je vais vous aider. Ma première victime serait donc Stefan Bozewski. Il était mon amant. Par jalousie, mon mari lui a tiré dessus. La balle a traversé sa joue, fractionné sa mâchoire. Si vous voulez plus de détails, je pense que son autopsie ainsi que les minutes du procès de Vassili, mon ex-époux, ont été versées au dossier. Stefan a agonisé pendant une semaine avant de mourir. Je l'ai veillé en présence de son meilleur ami, le baron Stahl. Vous trouverez également des lettres de sa femme, Gregoria, qui m'accuse de l'avoir poussé au suicide. Elle omet de préciser qu'il m'avait violée, avec ses doigts. Eh oui, c'est possible. Elle a d'ailleurs remplacé le mot *violée*, par *séduite*. Remarquez, cette interprétation est dans l'air du temps. Une femme peut-elle aimer son violeur, et un violeur aimer sa victime ? Notre société n'est pas prête à se poser ces questions, encore moins à y répondre. Quoi qu'il en soit, quand j'ai quitté Kiev pour Moscou, il a mis fin à ses jours. Par arme à feu, lui aussi. Chez nous, les Russes, les "barbares", comme j'ai pu le lire dans vos torchons, cela est courant. Stahl est le deuxième mort sur la liste de mes victimes. Le troisième, vous le connaissez. Oh, ne me regardez pas de cette façon. Cachez vos émotions, c'est la base. Si vous me trouvez froide, presque cruelle, que mon ton monotone et détaché vous effraie, alors vous avez beaucoup à apprendre du genre humain avant de le comprendre.

— Non. J'imagine que le déni de souffrance est votre seul rempart.

— C'est joliment dit. Offrez-moi une cigarette. Qu'avez-vous noté ?

— Que le sexe et la mort, à partir de ce jour, sont devenus indissociables. Imbriqués.

— Pas mal… Mais je n'ai pas commandité le crime de mon fiancé, Paul Kamarowsky, dont vous admiriez le portrait tout à l'heure. Pour lequel vous éprouviez une fascination morbide, doublée d'une empathie sincère, cherchant à savoir pourquoi je l'avais accroché au mur. S'il s'agissait de vice ou de vertu. Peut-être même caressiez-vous déjà l'hypothèse de la folie. Ce n'est pas moi qui l'ai tué. Nous sommes trois accusés à la barre, et l'on s'est focalisé sur moi, la "mauvaise femme". Donnez-moi une cigarette, ou servez-moi à boire.

— L'addiction aux drogues…

— … a commencé après la tentative de Stahl, après Stefan. Nous l'évoquerons plus tard.

— Les sœurs m'ont parlé de cauchemars ?

— Ce ne sont pas des cauchemars, mais des crises de "manque". Notez ce mot, "manque". Il y a une photo sur laquelle vous ne vous êtes pas arrêté. Pourtant, tous ces voyages, cet avilissement, l'argent, c'était pour la retrouver. Ma petite Tatiana. Savez-vous que, lorsque je veillais Stefan, mon mari a profité de mon absence pour me l'enlever ? "Mon absence, mes absences… le manque…" Allez, regardez-moi bien maintenant : mon émotion, rien qu'en évoquant son prénom, "Tatiana". La peine. Elle a traversé mon visage quelques secondes, et ces quelques secondes devraient suffire à vous faire douter de mon inhumanité. Qu'avez-vous noté ?

— Le sexe, la mort, l'argent.

— Et l'amour ! Avouez que je suis la muse de Freud, par anticipation. Avez-vous entendu parler de sa *théorie sexuelle* ? J'en ai déjà offert un exemplaire à mon avocat. S'il existe un moyen de me défendre, il est dans ces pages. Revenez me voir quand vous l'aurez lu. »

« C'est l'heure de la promenade, ma petite. Allez donc vous aérer un peu avant de voir votre avocat ; il n'arrivera qu'en fin de matinée. »

Elle est gentille, sœur Modestina. Les rides sur son front pâle et ses grands yeux clairs sont les traits d'une femme qui a vu cent vies, sans n'en vivre aucune. Avec son voile noir, son bandeau blanc, on dirait une Madone endeuillée. La suivre revient à marcher dans les pas d'une ombre, à peine plus opaque et sombre que les murs du corridor. Après avoir ouvert, puis fermé les grilles séparant les différentes parties de la prison, le corridor débouche sur une cour intérieure. Un grand carré de pavés gris où les prisonnières se rassemblent en petits groupes. Celles adossées au puits en pierre, au centre de la cour, sont les prostituées. Elles n'en sont pas à leur première arrestation et savent que, le matin, le puits prend la lumière et qu'il y fait moins froid. Maria rejoint l'un des rares bancs disposés contre les murs. La femme qui y est assise se pousse pour lui faire de la place. Elle la connaît de vue. La quarantaine fatiguée, le teint mat piqué de cicatrices d'acné, elle relève quelques mèches en chignon, accompagnant son geste d'un clin d'œil amical :

« T'en es une ?
— De quoi ?
— De meurtrière. Là, c'est le banc des meurtrières.
— Vraiment ?
— Non, je te charrie. Alors, t'en es une ?
— Non.
— Ah bon… je croyais. C'est drôlement chic ce que tu tiens dans la main.
— Mon porte-cigarettes ?
— Ouais. J'en ai jamais vu de pareil. C'est des diamants, tout autour ?
— Oui.
— Dément. Et ton truc, là, c'est du vison ?
— Tiens, essaye-le, si tu veux. »

Maria se défait de son étole, lui passe, ainsi que le porte-cigarettes. L'autre le fait tournoyer dans la lumière, briller sous les rayons, puis y glisse un bout de mégot, craque une allumette sur le banc de pierre. Elle lui sourit, aspirant de grandes bouffées en tenant l'objet du bout des doigts, mimant une femme du monde. Du moins, d'un monde qui n'est pas le sien.

« Sympa de se sentir riche… Moi, c'est Angela.
— Maria.
— Tiens donc ! T'as le même prénom que la maîtresse de mon mari.
— Tu es là à cause d'elle ?
— Comme tu dis ; elle, c'était une bonne copine. Enfin, jusqu'à ce que je la surprenne avec mon Nino.
— Je vois.

— Ouep, tout englués l'un dans l'autre, allongés sur mon pieu. Son foutre sur mes draps tout neufs. T'imagines que pendant que j'allais au charbon, il la baisait, la sortait et brûlait notre bas de laine en lui offrant le genre de truc que tu portes. En moins chic, bien sûr.

— Tu l'as tuée ?

— J'espère que t'as l'estomac bien accroché, bella : j'ai dézingué mon Nino dans notre cave, un bon coup de bûche sur la nuque. Il est tombé raide. Je l'ai terminé avec un autre coup sur le front. Comme ça, en tenant la bûche des deux mains, tu vois, j'y ai mis toutes mes forces. Son crâne s'est brisé, pareil à une grosse coquille de noix. Puis je te l'ai découpé, bien au milieu du torse, pour lui choper le cœur.

— Vraiment ?

— Attends, c'est pas fini. Ma copine, je l'ai invitée à dîner le soir même pour lui servir à manger le cœur de Nino. Ce qui m'a trahie, tu vois, c'est l'odeur du corps, depuis la cave. Une odeur de viande avariée dont s'est plaint le voisinage. J'aurais dû jeter les restes… je voulais le garder encore un p'tit peu avec moi… Une vraie sentimentale, hein ?… Et toi ?

— Moi, on m'accuse d'avoir tué mon fiancé.

— Un violent ? Un salaud de violeur, je parie !

— Paul était un homme bien.

— Me dis pas que t'as pas fait le coup ?

— Je suis coupable de n'avoir rien fait.

— Je vois, madame est "innocente". Allez, raconte, te fais pas prier.

— Désolée, je n'ai pas le temps. Mon avocat ne va pas tarder. La cour a considéré que j'étais apte à être jugée. Le procès va donc débuter demain.

— Ah, t'as les chocottes, ma pauvre. Cela dit, t'as pas tort. Avec ton accent russe, ils vont te manger toute crue… enfin, façon de parler… Mon avocat à moi, je le paye avec mon cul. Pas toi, j'imagine, rien qu'à te voir on sait que t'as les moyens de mener grand train.

— Non, le mien, il s'est déjà payé sur mon dos. Je crois qu'il a vendu les lettres que je lui ai adressées aux journaux.

— Tout le monde fait ça, ici ! Les gardes, les médecins, même ces salopes de nonnes. Tiens, je suis sûre que je peux me faire au moins cent lires rien qu'en caftant notre discussion au plus offrant. Alors, si t'as des détails, je suis preneuse. En parlant d'échange de bon procédé… v'là le gardien qui me fait de l'œil… il vient me chercher pour tirer une cartouche. Je te le laisse, bella. »

Angela rejoint le garde d'un pas nonchalant. Avant de disparaître derrière la porte donnant sur les cuisines, elle se retourne furtivement, s'enfonce deux doigts dans la gorge, concluant son geste d'un clin d'œil complice. Une autre porte ouvre sur la salle de classe, avec son tableau noir surmonté d'une imposante croix en bois. Entre deux offices, les filles viennent ici se frotter au catéchisme, quand ce n'est pas à un gardien. Maria attend au deuxième rang, ouvre machinalement le pupitre, n'y trouve rien et regarde dehors. Son avocat, maître Chionna, a une heure de retard. Il finit par arriver, en râlant, pour couper court à tout reproche :

« Bon, bon. Vous avez demandé à me voir. Ce n'est pas très malin, car le temps nous est compté, mais puisque je suis là ! Demain, une gondole viendra vous chercher à huit heures. Soyez prête. Sobre et digne, tout habillée de noir, comme une veuve. Pas de bijoux, surtout. Le vison, je ne sais pas : la version élégante est à double tranchant…

— J'ai pensé accrocher un voile à mon chapeau, et…

— Je n'ai pas fini, ne me coupez pas. Je vous avais demandé une lettre où vous me raconteriez, rapidement, combien d'amants vous avez eus. Je comprends que c'est délicat, mais le procureur, lui, va avancer un chiffre, et je dois pouvoir le contrer. Cette lettre, vous ne me l'avez toujours pas envoyée. Dommage ! Elle me prive d'arguments et…

— … Et vous auriez pu la vendre à un journaliste ? »

Comme s'il venait de se prendre un caillou entre les yeux, il s'arrête net de parler, jette vaguement un œil à sa montre, puis à la croix accrochée au mur, ravale sa salive.

« Maître Chionna, poursuit Maria, dans les deux dernières lettres, j'ai raconté la mort de Stefan et l'assaut de Stahl. Chaque détail s'est retrouvé tantôt dans *La Stampa*, tantôt dans le *Corriere della Sera*. J'imagine que, si vous aviez parlé anglais, ou français, ceux-ci auraient tout aussi bien pu faire le tour du monde. Et alors, ce n'est plus moi ou mon père qui vous serons redevables d'honoraires… mais vous.

— Vous n'avez, madame, aucune notion juridique. Aucune idée des stratégies qu'il me faut développer avant un procès pour gagner l'opinion à votre cause. Oui, oui, ne grimacez pas comme ça. Ces fuites dans la presse vont nous servir. À moi, pour mes plaidoiries qui s'adresseront autant au public qu'aux jurés, et à vous, qui ne serez plus vue telle une femme cruelle à la vie dissolue.

— Si je vous comprends bien, la description sordide de mon sexe pénétré par les doigts de Stahl a, selon vous, une valeur autre que marchande…

— Je préfère, madame Tarnowska, vous mettre en garde. n'allez pas vous plaindre auprès de la chancellerie. Cela ne ferait qu'accentuer l'image de "barbare avide" qui vous colle déjà à la peau.

— Vous citez la presse, et la presse vous cite : c'est un cercle "vicieux". Ah non, pardon, selon vous : "vertueux".

— Concentrez-vous sur votre procès. Je vous demande de me faire confiance, non de m'aimer.

— Dieu m'en garde.

— Avec moi, Dieu n'est-il pas tout ce qu'il vous reste ? »

L'humidité rance s'échappant des artères du canal prend Maria à la gorge. À l'aube, la lagune est une fille de joie qui digère les frasques de la veille, dans un hoquet de vagues et de nausée. Deux carabinieri lui tendent la main pour l'aider à monter dans une gondole. Une embarcation couverte, intégralement noire. Ses fers briqués, comme neufs, rappellent ceux des corbillards. La gondole longe bientôt le mur grossier d'un jardin potager, les massifs d'une usine, avant d'entamer la traversée du canal de la Giudecca, puis du Grand Canal. On n'entend que le sifflement répété des bateaux à vapeur. Au loin, la place Saint-Marc est déjà tachée d'ombrelles et de chapeaux. Il y a trois ans, les dalles étaient un miroir de pluie alors qu'elle rejoignait Tioka… Tioka, se peut-il qu'elle ne le revoie pas ? Les arches de l'hôtel Danieli se reflètent dans la lagune, identiques à de la dentelle blanche. Au premier étage, sa chambre, où elle a cru aimer, mourir, aussi. Les vagues claquent maintenant sur la coque qui tangue.

Le gondolier ralentit à proximité du pont de l'Accademia. Elle remarque un homme, étrangement debout sur une gondole. Puis un autre. Puis ici, encore. Une dizaine de gondoles se rapprochent, lentement, cherchant à l'encercler. Leurs silhouettes prennent forme. Leurs corps, et enfin ce qu'ils tiennent dans leurs mains, apparaît, plus nettement : un appareil photo. « Tarnowska, Tarnowska ! » appellent-ils. Les carabinieri ne disent toujours rien. Leur silence, depuis le début du trajet, n'est donc pas de l'indulgence, seulement du mépris. Elle est la femme en laisse qu'on traîne sous les yeux du public avide de tirer d'elle un cliché. Une fois la chose faite, la gondole repart. Au ciel bleu succèdent les pierres grises du pont du Rialto. Des milliers de visages se penchent pour l'apercevoir. Des centaines d'autres la guettent au niveau de la place attenante au tribunal. Semblables à une vague inondant la grève, ils courent sur le quai pour suivre sa gondole. Il y a de tout. Des hommes en costume ; des blanchisseuses ; des élégantes ; des minots que leur mère tire par le bras, la bouche ouverte, haletant de curiosité. Et même de ces prostituées qu'en temps normal on ne croise que la nuit, à la lueur d'un lampadaire, mais qui, enroulées de leur châle jaune, se pressent pour arriver à temps. Quand Maria monte sur le quai, leurs mains tendues se faufilent entre les grilles qui barrent l'accès au tribunal. Ils cherchent à la toucher. En la voyant de près, ils se taisent, tandis que derrière eux, cachés par les épaules, les chapeaux, on ose : « *Porca !* » « *Troia !* » « *Sei brutta !* » Leurs injures sont un vent chaud qui lui arrive sur la joue, bourdonne aux oreilles. Un nouveau garde la guide en la tenant par la taille jusqu'à la porte arrière du tribunal. Celle-ci se referme sur le brouhaha. Il s'amenuise à chacun de ses pas, disparaissant tout à fait alors qu'on l'enferme dans une petite pièce sombre. Sur le banc traîne la *Gazzetta di Venezia.* L'encre fraîche brille encore et tache ses doigts. Elle titre : « Le procès russe », avec un portrait d'elle, toujours le même, pris il y a trois ans, le matin de son arrestation. Maria demande au garde une cigarette, en tire plusieurs bouffées et se résout à lire, comme si on y parlait d'une autre. Tiens, les journalistes n'ont plus grand-chose à se mettre sous la dent. Ils brodent. L'article raconte avec quantité de détails inutiles que « dans la perspective du procès, les portes du tribunal ont été repeintes, l'intégralité de ses escaliers ciselés. On a même blanchi ses murs, décoré les plafonds de la salle des assises de motifs plus ou moins raphaélesques. Deux tables, fabriquées pour l'occasion, accueilleront des journalistes venus de Londres, de Paris comme de New York. Sans compter une rangée de chaises pour les traducteurs, une autre pour les invités de marque. La célèbre comédienne française Sarah Bernhardt est descendue à l'hôtel Danieli avec son amie Réjane. Du beau monde ! Le tribunal fera salle comble. Plus de cent cinquante accréditations ont été distribuées. Matin et soir, des badauds arpentent la Campo Bella Vienna en quête du fameux sésame ». Acteurs comme figurants sont donc prêts pour le lever de rideau. Le procureur général, Raffaele Garofalo, a fait ajuster sa robe. Faute de cheveux, le juge Angelo Fusinato est passé chez son barbier. Il n'y a bien qu'elle à ne pas connaître ses répliques. La pendule sonne dix heures. De l'autre côté de la porte se trouve la salle des assises. Y sont entreposés trente-quatre dossiers, des milliers d'auditions, des centaines de milliers de fragments de vie, des photos d'elle nue, des lettres d'amis racontant leur version des faits, les témoignages d'inconnus s'imaginant faire partie de son histoire.

« Éteignez votre cigarette. Il est l'heure. »

Elle s'avance sur l'estrade exiguë, ceinturée d'une rambarde en fer. Les photographes déclenchent leurs appareils. Derrière eux, le public se précipite sur les places encore libres. À contre-courant, une poignée de journalistes se rue vers la porte d'entrée. Ils sortent en catastrophe leur carnet : Sarah Bernhardt vient d'arriver. Auréolée de son interprétation de *Jeanne d'Arc*, la comédienne est escortée jusqu'à la place qui lui a été réservée devant. Elle s'arrête un instant pour dévisager Maria Tarnowska, puis les jurés : deux rangées d'hommes à qui il ne manque plus qu'une cape noire pour ressembler aux inquisiteurs d'antan. Puis elle observe ce drôle de public qui, tout autour d'elle, s'esclaffe, montre Maria du doigt. Ils la condamneraient volontiers au bûcher, si cela ne tenait qu'à eux.

Sur l'estrade, Maria a rejoint sa chaise. On a placé à égale distance Élise, Nicolas et Donat. Quatre chaises et quatre solitudes, se dit-elle. Eux aussi ont peur, le vertige, face à cette salle pleine. Même pas le courage d'échanger un sourire ou un mot. Après trois années passées derrière les barreaux sans se revoir, ils sont étrangers les uns aux autres. Il n'y a plus que leur mémoire qui soit commune. Alors que les photographes se replient, un jeune homme se hisse sur la pointe des pieds, s'aidant de la rambarde pour être à sa hauteur :

« Madame, madame Tarnowska ! Maître Chionna s'excuse, il a été retenu à Rome. Il m'a demandé de le remplacer.

— Je vois… Maître ?

— Maître Gotti, madame. »

« En ce mardi 8 mars 1910 s'ouvre le débat. Monsieur le procureur adjoint, vous avez la parole. »

Gras, élégant, le procureur Vittorio Randi se lève avec lenteur, laissant le temps à la salle de prendre la mesure de sa carrure d'ours. Il fusille du regard le public, lui intime ainsi de se taire, afin de poser sa voix grave sur un silence docile :

« Monsieur le juge, messieurs les jurés : il s'agit de juger quatre barbares habillés en Européens. Quatre accusés, mais une criminelle ! Durant ces semaines, nous essayerons de cerner la personnalité de cette femme serpent qui a piqué, manipulé : Maria Tarnowska. Regardez-la, regardez-la bien. Légère et vaine, avide de sentiment, vicieuse et calculatrice. Peu riche et pourtant frénétique de luxe. Violente et disciplinée à la fois. Qui est-elle ? Née Maria O'Rourke, elle s'est mariée à dix-huit ans au jeune Vassilli Tarnowski. Le comte accédait à tous ses désirs. Elle simulait lui être obéissante et soumise. Il est avéré, de manière irréfutable, que la comtesse, loin de conserver intacte sa foi conjugale, la viola à plusieurs reprises et contracta des relations adultères ! Le grand-duc de Kiev viendra vous la décrire comme une *courtisane du grand monde*. Il ressortira des actes de l'instruction qu'avec une perfidie raffinée, elle se plaisait à provoquer la jalousie de son mari. Pour défendre sa réputation, celui-ci finit par tuer son amant, Stefan Bozewski ! Et de un !

Elle vous jurera, sans doute, que Stefan Bozewski était le seul amour de sa "jeunesse dévastée". Vous apprendrez que, alors que son "grand amour" agonisait, elle s'offrit, sous ses yeux, à son meilleur ami, Vladimir Stahl, qu'elle réduisit au suicide. Quand elle quitta Kiev pour Moscou, il se tua d'un coup de pistolet dans la bouche. Et de deux !

Ainsi, voyez-vous, celle que vous allez juger pour un crime n'en est pas à son coup d'essai.

— En avez-vous fini, maître Randi ?

— Oh, monsieur le président, ce n'est qu'un début, hélas. La journée ne suffirait pas à établir la liste de ses amants, comme de ses crimes.

— Nous avions compris. Si vous voulez réagir ou ajouter des précisions à ce bref résumé du passé de votre cliente, maître Gotti, c'est le moment… »

Le jeune avocat desserre sa cravate, relève ses lunettes. Après une grande respiration, plusieurs gorgées d'eau, il bafouille :

« C'est que… pardon… une seconde, s'il vous plaît… Je rassemble mes notes… Ce n'est pas mon écriture, mais celle de maître Chionna… C'est difficile à déchiffrer…

— Prenez votre temps, mon garçon, l'encourage le président.

— Je peux vous prêter mes lunettes, s'esclaffe le procureur, mais pas mon stylo, hélas…

— Monsieur Randi, s'il vous plaît, un peu d'indulgence. Allez, mon petit, on vous écoute. »

Après une nouvelle gorgée d'eau, maître Gotti abandonne l'idée de lire les notes qu'il a sous les yeux. Ce dossier, il le connaît par cœur. Il jette un rapide coup d'œil à Maria, s'essuie le front et se lance :

« L'accusation fait de la comtesse une créature diabolique. Une légende, un personnage de roman, en s'appuyant sur des faits rapportés, déformés. C'est le drame même de ce procès. Il consiste en ce que tout homme se précipite contre la femme. Puisqu'il s'agit de la salir, sans se donner la peine de la comprendre, j'appelle à la barre madame Daria Grigorievskaja. »

La mine plus rouge de fard qu'avant, l'amie américaine de Maria s'avance avec assurance.

« Comment avez-vous rencontré l'accusée ?

— Lors d'un week-end dans la datcha des Stahl. Maria et Vassili étaient venus accompagnés de Stefan Bozewski et d'Anna, une cocotte de Saint-Pétersbourg.

— Tout un programme ! s'esclaffe le procureur.

— À cette époque, poursuit-elle sans se démonter, j'étais proche de Vladimir Stahl. Il me semble qu'il est important de préciser qu'après être revenu de la guerre, il s'est mis à consommer de la morphine et de la cocaïne. Il était comme fou, dévasté.

— À cause de la guerre ?

— Pas seulement. Car ces drogues l'avaient rendu… impuissant.

— Vous mettez tout de suite la barre très haut, si je puis me permettre, relève le procureur, provoquant quelques éclats de rire dans la salle.

— Venez-en aux faits, intervient le président. On ne va pas y passer la nuit ! insiste-t-il, déclenchant à son tour de nouveaux éclats de rire.

— Très bien. À Kiev, on ne raconte pas que Stahl s'est suicidé pour la Tarnowska, mais à cause de ses dettes. Son divorce avec Gregoria l'avait mis sur la paille. Peut-être s'est-il tué en raison de l'argent. Peut-être par amour pour Maria. Mais, alors, parce qu'il n'avait pas été… capable de le lui manifester…

— C'est bien le seul ! la coupe le procureur.

— Retenons, insiste maître Gotti, que ma cliente, Maria Tarnowska n'est donc pas responsable de son suicide… Un de moins ! Remarquons aussi le procédé de l'accusation : c'est l'ami qui viole… c'est la victime qu'on accuse ; c'est le mari qui assassine, c'est la femme qu'on blâme !

— Une "victime" qui ne disait pas souvent "non" ! marmonne le procureur dans sa barbe. Une petite question, chère madame Grigorievskaja, fréquentiez-vous l'hôtel Intercontinental ?

— Ça m'est arrivé, oui.

— Comment qualifierez-vous l'ambiance ? De… "familiale" ?

— Je vois bien où vous voulez en venir. Maria et Vassili étaient en contact avec des viveurs de faible condition et des putes. Elle s'y trouvait quand elle a été prise des douleurs de l'accouchement. Elle a mis au monde Tatiana sur un tapis. Je ne cherche pas à vous attendrir, mais reconnaissez qu'accoucher dans la chambre séparée d'une suite, parmi les buveurs, les justiciers et les prostituées, n'est pas un principe qui puisse vraiment inviter au maintien de la fidélité conjugale.

— Je ne vous le fais pas dire !

— Cette enfant…, reprend l'avocat de Maria, ne parvenant plus à cacher sa nervosité, sera enlevée, oui, "enlevée" par les parents de son mari alors que celui-ci sera en prison. Ah, cette réalité-là est moins sulfureuse, pourtant elle est, messieurs les jurés, au cœur de ce procès. Car Maria Tarnowska n'aura de cesse de chercher à récupérer son bébé. Ce chagrin de mère l'a amenée à faire de mauvais choix, pour ne pas dire de mauvaises rencontres.

Madame Tarnowska, expliquez-nous pourquoi vous êtes allée trouver Donat Prilukoff, coaccusé dans cette affaire :

— Donat était avocat. Il avait pignon sur rue à Moscou. Je pensais qu'il pouvait m'aider à divorcer de Vassili et à récupérer mon bébé.

— L'a-t-il fait ?

— Non, murmure-t-elle.

— Pauvre femme, résume le procureur d'un ton moqueur. Ruinée ! Accablée de chagrin ! Vivant pour l'amour de ses enfants ! Que disiez-vous, cher confrère ? "La réalité est moins sulfureuse ?" Pas si sûr... J'appelle à la barre Youri Mickailovich, ancien employé à l'étude de Donat Prilukoff, à Moscou. »

Serrant son chapeau de feutre sur son ventre, relevant à peine la tête comme si on s'apprêtait à le battre, un homme quitte son banc, manquant de trébucher en croisant le regard de son ancien patron. Un traducteur vient le rejoindre pour dire tout haut ce que l'homme chuchote.

« Quel souvenir gardez-vous de cette nouvelle cliente ? l'interroge le procureur, adoucissant sa voix.

— En 1905, juste avant les soulèvements, un ami de la comtesse a supplié maître Prilukoff d'assister Maria Tarnowska pour sa demande de divorce.

— Quel pouvait bien être votre intérêt à la défendre ? Son époux, Vassili, ne lui versait plus un kopeck, son père n'avait plus le sou.

— Oui, c'est vrai, la cause ne pouvait pas offrir un grand gain, mais...

— Poursuivez...

— Mais elle pouvait payer “en nature”… Pas moi, sourit-il, mal à l’aise. Mon patron ! Maître Prilukoff s’est mis à la fréquenter. Elle en a fait sa proie !

— Et de quatre ! »

Confondant la salle avec celle d’un café-théâtre, le public applaudit à tout rompre la dernière repartie du procureur. Adossée au mur du fond, une professionnelle du quartier Carampane se met même à siffler, attirant l’œil sur elle. Son voisin, chauffé par le récit des témoins, est bon pour être cueilli. Si bien que, lorsqu’il passe sa main sous sa jupe, remonte jusqu’à son entrejambe, elle le ferre pour de bon, lui glissant à l’oreille :

« Plus tard, mon petit chat. Après l’audience, sous les arcades ?

— Tu pourras porter une voilette, comme elle ?

— … Oui. Combien t’as sur toi ? C’est cinquante lires.

— Tu m’appelleras… Prilukoff… ?

— Oui, mon petit chat. »

Sarah Bernhardt se lève pour quitter la salle, enroulée dans une étole de fourrure qu’elle retient, la main posée sur sa poitrine. Elle peine à remonter la rangée, freinée dans son mouvement par le public. L’urgence de s’extraire de ces spectateurs cannibales lui fait presque perdre l’équilibre, l’obligeant à prendre appui sur les épaules d’inconnus qui rejettent son geste en grimaçant. Arrivée à la sortie, les journalistes l’assaillent. « Pourquoi partez-vous ? » « Qu’est-ce qui vous intéresse dans ce procès ? » « Que portez-vous aujourd’hui ? » Pour qu’ils la laissent passer, elle répond : « Je pensais observer la Tarnowska, dans l'idée de mémoriser ses gestes, ses sanglots et peut-être de les reproduire, un jour, sur scène. »

« Silence ! s'agace le président. Monsieur le procureur, en a-t-on fini pour aujourd'hui ?

— Juste une dernière question à l'accusée, si vous le permettez. Madame, auriez-vous l'amabilité de nous dire quel gentil surnom vous aviez donné à Donat Prilukoff, lors de votre première rencontre ?

— Le scorpion. »

# PRILUKOFF

La cabine du train était plongée dans la pénombre, par intermittence. Si celle-ci camouflait assez bien ses larmes, ses mains à elles seules trahissaient la violence du chagrin. Maria les serra l'une contre l'autre pour les empêcher de trembler. Pas question qu'un passager la remarque, s'attendrisse. Le moindre geste d'humanité envers elle ouvrirait la brèche et il fallait éviter que le chagrin ne la submerge. Au moins jusqu'à l'hôtel. En attendant, elle devait tenir le monde à distance.

En gare de Moscou, elle se laissa entraîner par les mouvements entremêlés des voyageurs déferlant sur le quai, la précipitation des porteurs de valises, le sifflement aigu d'un train qui repart, d'un autre qui arrive. L'hôtel n'était pas si loin, seulement, son corps amaigri lui faisait mal. Combien lui restait-il ? Cent, peut-être deux cents mètres ? Depuis plusieurs mois, elle comptait. Les semaines depuis que Stefan était mort. Le nombre de lettres envoyées aux parents de Vassili les suppliant de lui rendre Tania et de la laisser vivre dans l'appartement de Kiev. Les malles avec lesquelles Élise, Tioka et elle étaient partis comme des voleurs.

Celles qu'ils avaient abandonnées derrière eux. Allez, un peu de courage, il ne faisait pas si froid. Même s'il avait plu, transformant les flocons en boue, les rues en tranchées, elle se serait interdit de monter dans une troïka, de toucher aux vingt roubles qu'elle conservait dans son trousseau. C'était tout ce qu'il leur restait.

Traverser le hall de l'hôtel demandait un dernier effort. Ne pas baisser les yeux, tenir la tête bien droite en affichant un sourire hautain pour éviter qu'on ne l'aborde. La tristesse est touchante quand on est riche, suspecte lorsqu'on est pauvre. Et ses airs de comtesse ne trompaient plus personne. Dès qu'il la repéra, le concierge l'interpella : « M'dame Tarnowska… s'il vous plaît… M'dame Tarnowska ! » Elle pressa le pas, en vain ; il agrippa son bras.

« M'dame Tarnowska, un instant, j'vous prie. Quand pourrez-vous régler la chambre ? Et puis, y a pas que cette note qui pose problème. On vous attend dans le p'tit salon. J'vous cache pas qu'c'est du plus mauvais effet sur notre clientèle.

— Oui, c'est un ami à qui j'ai donné rendez-vous.

— Ah non, j'crois pas : c'est l'épicier d'la rue Tverskaïa. À ce qu'il m'a dit, vous lui devez pas moins de six roubles ! J'vous avais pourtant avertie qu'on peut pas manger dans les chambres.

— Vous savez parfaitement que depuis une semaine on refuse de nous servir quoi que ce soit au restaurant de l'hôtel.

— Ne le prenez pas mal. J'aimerais de tout cœur qu'on trouve une solution. Tiens, rien que vos brillants, là, à vos oreilles. Sûr qu'ils valent une p'tite fortune. Je pourrais en tirer une coquette somme. Ça calmerait tout le monde et pour un bon moment… »

*Allez-vous-en,* se dit-elle, en tournant les talons. *Foutez-moi la paix. Dépouillez-moi. Ne vous gênez surtout pas. Mes bijoux ? Je n'ai plus que ceux que je porte, les autres sont au clou. Prenez-moi, tant qu'on y est ! Vous ne seriez pas le premier. Enlevez-moi Tioka. Pourquoi pas ? On m'a déjà pris Tania.* « Oh, Élise ! » À peine Élise ouvrit-elle la porte de leur chambre que Maria se rua sur la commode. Elle arracha le tiroir, le vida sur le plancher. Parmi les parfums, gants, étoles, elle dénicha son coffret. Elle le posa sur le lit, en sortit sa morphine et sa seringue. Ses mains tremblaient davantage, même son corps l'humiliait. Elle s'y prit à plusieurs reprises pour défaire les boutons de sa chemise. Elle ne parvint pas non plus à piquer l'aiguille dans la capsule. La fiole lui échappa des mains. Elle s'écroula en sanglots sur le drap, parce qu'ils puaient, parce qu'elle se sentait sale, pauvre, et qu'elle avait peur.

Élise ramassa la seringue et vint s'asseoir sur le lit, caressant au passage le visage de Tioka. Elle prit le temps de désinfecter l'aiguille avec un coton imbibé d'éther avant de la remplir. Quand elle tapota une veine pour y planter la pointe d'argent, Maria ferma les yeux. Reconnaissante. Profitant de cette chaleur enveloppante pour respirer, libérer l'émotion et se reposer un peu. Elle se laissa avaler par le sommeil, la lumière floue, les sons endormis. Elle entendit Élise et Tioka, de loin. Ils se mirent à jouer aux dames. Élise exagérait la joie ou la stupeur lorsque le môme lui mangeait un pion. Son fils rigolait aux éclats. Il s'était habitué à ses crises. Maria sourit au souvenir de sa mère, se rappela qu'elle était morte dans l'asile où on l'avait placée, et sourit encore, de ce sourire froid qui renonce, accepte qu'un destin se reproduise à l'infini, jusqu'à ce que la vie s'éteigne, reprenne autrement, plus tard, dans l'enfant qui marchera sur les mêmes lignes de vie, tombera dans les mêmes pièges. Elle s'assoupit.

Élise la réveilla, par une nouvelle caresse sur son front :

« Madame, vous m'aviez dit seize heures : l'avocat arrive dans une heure.

— Ah oui… Prilukoff…

— Et la petite Tania ? Vous ne l'avez pas ramenée… finalement ?

— Oh, Élise, ils n'ont même pas voulu que je la revoie ! »

Maria passa sa main sur ses yeux, se redressa un peu, cala deux coussins derrière sa nuque et s'alluma une cigarette.

« Tu te souviens ? La dernière fois, déjà, mes beaux-parents ne nous avaient pas laissés entrer. Pas plus qu'ils ne s'étaient donné la peine de sortir dans le jardin pour venir nous saluer. Ils nous avaient envoyé la nourrice, tenant par la main notre Tatiana. Ses yeux, te rappelles-tu ses yeux ? En trois mois, ils avaient changé de couleur, un bleu noyé de vert.

— Oh oui, ses cheveux étaient devenus assez longs pour être relevés en deux nattes blondes sur le haut de sa tête !

— Pendant une heure, j'avais pu la prendre dans mes bras. Rire de ses rires. Sourire de ses sourires. Sentir le parfum de sa peau pâle. Mais ce matin, quand je suis arrivée devant les grilles, on ne m'a pas ouvert.

Je suis pourtant certaine qu'ils étaient là à me scruter de derrière un rideau ou par la grande fenêtre du salon. J'en suis sûre, parce que, la veille, la neige était tombée à gros flocons. Le toit, le jardin en étaient recouverts. Et le chemin de gravier était parfaitement dégagé. Oh oui, ils étaient là. Un domestique entassait des bûches sur le parvis. D'épaisses volutes de fumée grise s'échappaient des cheminées. Chaque pièce était chauffée, y compris la petite chambre rose, en haut, au premier étage, où sans doute Tania jouait. J'ai attendu, sans quitter des yeux sa chambre, espérant apercevoir sa silhouette. Imaginant ses petits doigts fins coiffer l'une de ses poupées aux yeux fixes. J'ai profité de ce que le jardinier laisse entrouvertes les grilles pour me faufiler. Je te promets, Élise, j'étais décidé à ravaler ma colère, à taire mes reproches. J'étais prête à reconnaître mes torts, même à m'excuser pour ma tenue : sale. Pour ma conduite : putain que je suis. Prête à partager la garde. Tout, n'importe quoi pour qu'ils m'autorisent à voir ma môme, à la prendre dans mes bras. L'emmener avec moi, tu vois ? Être une maman comme les autres. Goûter avec elle la banalité du silence. Ne pas investir l'instant et le laisser filer. Quand mesurer le temps passé avec son enfant n'a pas plus de sens que de se demander si, le lendemain matin, on pourra le voir à nouveau. Au moment où la grande porte d'entrée s'est ouverte, j'avais renoncé à être digne. La nourrice est sortie sur le perron. Ses doigts serraient son jupon. Son visage était affligé, mais ses réponses dures :

"Madame, vous ne pouvez pas rester là.

— Je suis venue chercher ma fille. Préparez ses affaires.

— Cela ne va pas être possible.

— Vous n'avez pas le droit.

— Ce n'est pas moi qui décide, vous savez bien.

— Laissez-moi au moins la voir.

— Je suis désolée. Monsieur et Madame ont été très clairs.

— Mais pourquoi ?

— La dernière fois, quand vous êtes repartie, elle convulsait de chagrin, criait votre nom. Elle a pleuré pendant toute la journée et pendant toute la nuit. On a bien cru qu'elle allait s'étouffer dans ses larmes. Vous ne voulez pas lui faire revivre ça ?

— Ce n'est pas de ma faute.

— Monsieur dit que… vous voir lui « fait du mal ».

— Vous ne le pensez même pas !

— Non. Mais je ne veux pas perdre ma place."

J'essayais de trouver les mots pour la convaincre. Je cherchais en moi-même ces mots, mais ils s'étaient perdus dans un brouillard. Mes mains se sont mises à trembler, puis mon corps tout entier. J'ai pensé : "Non, il ne faut pas ! Elle va croire que je suis folle. Tout comme ma mère. Comme elle, on m'enfermera. Et même le petit Tioka, je ne le reverrai pas." Oh, Élise, je suis partie ! Tu entends ? Notre Tania, je l'ai laissée là-bas. Mais c'est toi qui pleures, maintenant, idiote. Regarde-nous.

— Elle est comme ma fille, vous savez bien, marmonna Élise.

— Il faut tenir, Élise, hein ? On va tenir, ensemble. Allez, reprends-toi. Va chercher ma robe la plus chic.

— La rouge ? demanda-t-elle en reniflant.

— Oui, la rouge. Et puis, prends ces boucles d'oreilles, donne-les au concierge. Qu'il paie l'épicier. Qu'il nous serve du thé noir, des medovik au miel, dans le petit salon. J'y recevrai Prilukoff. C'est le meilleur avocat de Moscou. Tu verras, il obtiendra le divorce et nous irons chercher Tania. Tu me crois ?

— Oui, madame.

— Et quand elle sera là, tu lui donneras de la confiture en cachette ?

— Ça oui ! » sourit Élise, pleurant de plus belle.

Les manifestants se rapprochaient du centre-ville. La rumeur de leur colère les précédait. Dans le salon, deux serveurs s'empressaient de clouer, à grands coups de marteau, de lourdes planches en bois devant les fenêtres. Chaque nouvelle planche plongeait davantage le salon dans l'obscurité. L'auréole jaune du lustre transformait peu à peu les clients en mannequins de cire. S'ils n'avaient pas bougé, on les aurait crus morts. Accoudé au bar, un vieux sans fortune trempait son bout de pain sec dans son grog ; sur l'un des canapés défraîchis, un voyageur de commerce, à la mine grise, aux rides profondes, couvrait son visage de son chapeau. Il bâillait et bâillait encore, sur le point de s'écrouler de fatigue. À la seconde où Prilukoff mettrait les pieds dans l'hôtel, il comprendrait qu'il ne faisait pas une bonne affaire en prenant sa défense. Maria chipa sur l'une des tables voisines un chandelier. L'éclat des bougies nacrerait cette ambiance sordide. Une fois les medovik chauds servis, les effluves de thé embaumant l'alcôve, l'avocat serait dans de meilleures dispositions, voire trouverait-il à l'endroit un peu de charme. Elle n'eut pas le temps de prendre la pose que Donat Prilukoff se dirigeait droit vers eux. Des cheveux roux fraisés et fraîchement huilés. Un pantalon de feutre marine sans faux plis : ça sentait le neuf. Il s'était apprêté, pensant faire la connaissance d'une femme du monde, le pauvre.

« Madame la comtesse, quel plaisir immense de vous revoir.

— Maître Prilukoff, je ne crois pas avoir déjà eu l'immense plaisir de vous rencontrer.

— Comment, vous m'avez oublié ? Tant mieux, dans le fond : j'avais eu la maladresse de vous griffer lors d'une soirée chez les Stahl. Mais voilà le jeune Tioka ! Sais-tu que j'ai deux filles de ton âge ? »

Tioka saisit une part de medovik, s'empiffra, la fourrant dans sa bouche, avant de se resservir. Sa précipitation trahissait leur misère. Maria lui donna une violente tape sur la main, mais il empoigna à nouveau une part, refusant de la lâcher, pleurant presque. Prilukoff comprit. Sans rien dire, il disposa un mouchoir sur la table, y plaça trois parts, replia le tissu en polochon et le lui tendit, accompagnant son geste d'un clin d'œil. « Prends, mon petit gars. Demain, tu en auras d'autres. Tu sais quoi ? Je vais même en recommander tout de suite. Tu vois, moi aussi, j'ai drôlement faim ! » Il fit signe au serveur, qui nota la commande de mauvaise grâce.

« Tioka, remercie Monsieur et monte dans la chambre. Demande à Élise de te débarbouiller. »

Tioka parti, Prilukoff sortit un carnet, un crayon doré, replaça son binocle. Son visage était fin, mais dur. Un nez droit, des lèvres maigres et des yeux bleus perçants, dont les sourcils semblaient avoir été dessinés au pinceau. Équilibre des traits, raffinement un peu sale. Il ressemblait à ces médecins, sûrs d'eux-mêmes, faisant une ordonnance à un malade à leur merci.

« Mon ami Bernstein vous a-t-il raconté dans quelle situation je me trouve ?

— Oui. Vous souhaitez divorcer.

— Et obtenir la garde des enfants, ainsi qu'une pension.

— Il n'y a aucune raison pour qu'on vous retire la garde.

— Mon mari a déjà pris ma fille, Tatiana. Il refuse de me verser un kopeck tant qu'il n'aura pas aussi Tioka.

— Pourquoi lui avez-vous laissé Tatiana ?

— Je ne la lui ai pas laissée. Il l'a enlevée et confiée à ses parents. Il serait revenu chercher Tioka s'il n'avait été arrêté par la police, entre-temps.

— Oui, je suis au courant. À quelle date précisément ?

— Quoi donc ?

— Depuis quand vos beaux-parents détiennent-ils Tatiana ?

— Je ne sais pas exactement.

— Comment cela, “vous ne savez pas” ? l'interrogea-t-il gentiment.

— Pendant une semaine, j'étais au chevet d'un ami. Quand je suis revenue à la maison, Tatiana n'était plus là.

— Je vois... Vous aviez donc quitté le domicile conjugal, nota-t-il, ennuyé.

— J'imagine que cela ne joue pas en ma faveur.

— Votre mari est en prison, et vous n'avez commis aucun crime, que je sache. »

Il prit sa main, qu'il enferma dans les siennes. Des mains un peu moites. Des doigts fins. Trop fins pour faire naître l'abandon et encore moins l'envie. Elle se dégagea en souriant. Sans se décourager, il vint s'asseoir sur le canapé : « Maria, nous irons voir ensemble le Saint-Synode, le haut procureur sera touché par votre histoire. Regardez-moi : vous la retrouverez, votre petite Tania, je vous en fais la promesse. » Elle soupira, l'espoir est douloureux.

« En attendant, n'avez-vous nulle part où aller ?

— Non. J'ai bien peur que personne ne veuille de moi à Moscou, sourit-elle.

— Dans votre famille, à Poltava ?

— J'ai écrit à mon père, plusieurs lettres. À chaque fois, ses réponses étaient évasives et, je dois dire, sévères. J'ai compris qu'il ne préférait pas que je revienne à la maison. Du moins, tant que je persiste à demander le divorce. Je ne lui en veux pas. Depuis la mort de maman, lui aussi est un peu devenu fou. Fou de chagrin contre la vie, de colère contre moi… Au fond, je sais bien qu'il pense me protéger de la société en m'interdisant de venir le voir.

— Cela vous peine.

— Oui. Beaucoup. »

Alors qu'il s'apprêtait à reprendre sa main, elle esquiva en replaçant une mèche échappée de son chignon. Vexé, il se releva pour soi-disant aller débusquer le serveur qui tardait à leur apporter les medovik. Celui-ci demanda que la note soit payée d'avance.

Naturellement, le ton monta. Le concierge s'en mêla. S'ensuivit une discussion entre les trois hommes. Inutile de lire sur leurs lèvres, elle savait bien ce qu'ils étaient en train de lui dire, et de lui faire : gommer son image de comtesse, la remplacer par celle d'une paumée, voyageant avec son enfant, sa bonne et ses dettes. Elle avait vu juste. Donat Prilukoff sortit de sa veste une liasse de billets. Le concierge les empocha en le saluant d'un air entendu. Quand il revint à leur table, Donat posa sa main sur son épaule, main qu'elle ne repoussa pas, cette fois.

« Combien ?

— J'ai pas fini, madame. »

Élise coinça le crayon derrière son oreille et disposa sur le guéridon les factures, comme si elle s'apprêtait à lui tirer les cartes. Sur chacune d'elles, elle entoura le montant, avant de le reporter sur une feuille de papier. Elle les additionnait, comptant sur ses doigts, à haute voix :

« Jupons : 7 roubles en billets. Musc, fard et poudre de riz : 5 roubles. La robe de chez Paul Poiret : 50. Celle de la maison N. Lamanova : 80 roubles… Oh, là, là ! On va pas s'en sortir, on va pas s'en sortir, madame. Vous n'imaginez pas dans quel état de nerfs sont les commerçants. Tous exigent d'être payés rubis sur l'ongle avant de tirer le rideau. Avec les émeutiers, ces ouvriers, là, partout dans les rues, ils ont peur qu'on casse leur vitrine. Je peux pas leur donner tort. Tiens, rien que pour aller chercher le pain, j'ai mis plus d'une heure à escalader les débris, en passant par les petites rues. Jetez un œil dehors, pour voir : ils construisent des barricades avec tout ce qu'ils trouvent, des roues de calèches, des portes, un tramway, vous entendez, un tramway, renversé, en pleine rue ! Oh, ça va finir mal, je vous dis.

— Tu me donnes la migraine, Élise. Combien nous reste-t-il ?

— Pas grand-chose. D'autant qu'il faut payer le pharmacien, pour la morphine. Le boulanger, pour le pain de la semaine. Encore que du pain blanc, on n'est pas près d'en boulotter. Du pain "de bourgeois", qu'ils appellent ça, maintenant. On va pas s'en sortir, je vous dis. On va bientôt plus trouver un commerçant qui ose ouvrir et encore moins un qui accepte de nous faire crédit.

— Arrête, tu me fatigues.

— Oh, je dis pas ça pour vous enquiquiner. Vous pouvez pas demander à votre père ?

— Il a déjà honte de moi… Et s'en veut d'avoir honte. Non, Élise, je préfère ne pas l'inquiéter et le laisser en paix.

— Je comprends bien, seulement, en attendant, comment qu'on fait pour manger, nous ? Faut redemander une avance à monsieur Prilukoff. Il vous dira pas non.

— Ça… et je devrai dire oui… »

L'écho d'un coup de fusil se rapprocha, couvert par un mouvement de foule, aussitôt emporté par le tir d'un canon. Les murs tremblaient, absorbaient les déflagrations comme les plaintes. L'intégralité des vitres fut bientôt obstruée de l'intérieur. Sans électricité, leur chambre était une tombe, l'hôtel un caveau. Tioka ne jouait plus aux dames, restait dans son coin à guetter le retour de la lumière et du silence. Même le concierge n'en menait pas large. Il passait de chambre en chambre pour distribuer de l'eau, des bougies et du charbon pour le poêle, râlant lorsque Élise demandait du rab. Il avait un mot gentil pour Tioka, des draps propres pour « madame la comtesse ». Manifestation inattendue de bonté, née du sentiment éphémère qu'ils étaient tous égaux ; du moins devant l'Éternel.

Après dix jours de tumulte, le calme revint. Un calme étrange. À Moscou, la plupart des places, hier foulées par des centaines de milliers de manifestants, étaient désertes, les gares vides, les commerces clos. Bien qu'on ait décroché les planches de bois des fenêtres, déblayé les débris des pavés, lavé le sang des caniveaux, les habitants restaient calfeutrés chez eux. Comme si la violence des semaines passées résonnait encore dans les rues, s'était incrustée dans la pierre et pouvait, à tout moment, venir chuchoter à l'oreille des vivants.

Personne n'osait mettre le nez dehors, excepté Donat Prilukoff. Pas un jour ne passa sans qu'il vienne la visiter, attendant au salon. Plus de gâteaux, mais du thé que le serveur ne manquait plus de lui apporter, un sourire en coin.

« Prilukoff, vous avez des nouvelles du divorce ?

— Non, non, je vous l'ai dit cent fois, les démarches auprès du Saint-Synode sont complexes et longues. Qui n'a pas entendu parler de la princesse Sofia Narychkina, des vingt années perdues à attendre que le haut procureur statue sur son divorce ?

— Dans ce cas, il faut peut-être mieux que je renonce au divorce et rentre à Poltava, chez mon père.

— Hors de question, maintenant que j'ai commencé les démarches, j'ai besoin de vous ici. »

Pour éviter qu'elle ne quitte Moscou, il les installa dans un appartement. Pas un hôtel particulier, mais tout de même : deux étages, une salle d'eau et quatre chambres. De l'électricité dans presque toutes les pièces et, surtout, un téléphone. Avec une entrée principale donnant sur la rue Arbat, une autre, de service, sur la rue Smolensk, à deux pas de son cabinet. Ainsi pouvait-il discrètement faire un saut à l'heure du déjeuner, prétextant un papier à signer, une précision à apporter. Au fil des semaines, il passa d'ailleurs de plus en plus souvent, le matin, à l'improviste. Il s'installait devant le secrétaire, sortait de sa sacoche le *Novoïé Vrémia* et ordonnait à Élise de lui préparer un thé, en attendant que « Madame ait fini ses ablutions et ne le rejoigne ». Maria ne se faisait pas prier. C'est même avec une joie sincère qu'elle tirait une chaise pour partager son petit déjeuner avec lui. Non pour profiter de sa présence ni pour l'entendre commenter l'actualité, mais parce qu'elle espérait qu'il donne enfin des nouvelles du divorce. Seulement, dès qu'elle le questionnait, il repoussait le moment de répondre. Inévitablement, l'échange dérivait vers des sujets anodins : « Avez-vous bien dormi ? » « Cette toilette était-elle à la hauteur de vos attentes ? » « Qu'avez-vous pensé de ces chocolats que je vous ai fait livrer ? » « Élise m'a dit, pour la paye de l'instituteur, je vais m'en charger. » Ce dont elle se nourrissait, les habits qu'elle portait, même les lieux où elle se déplaçait, tout dépendait de son argent et, donc, de son bon vouloir. Il coupait court à ses questions en sortant de sa veste une jolie somme qu'il laissait, en partant sur le secrétaire.

En plus, il payait le loyer et réglait toutes ses dettes, toujours avec le sourire. Sourire dont elle finit par se demander quel en serait le prix. Un ami commun la rassura. Dans une lettre, il lui raconta plusieurs histoires sur le compte de l'avocat. Si défendre les vieilles familles aristocratiques rapportait à Prilukoff des fortunes, son cabinet acceptait aussi des affaires perdues d'avance. Celles de pauvres paysans qui, sans son aide, auraient été jetés à la rue ou en prison. Au fond, sa générosité lui valait l'admiration des uns, la reconnaissance éternelle des autres. Tel était son salaire. Être considéré comme un être noble, lui qui n'était que bourgeois.

C'est donc sans se poser de question qu'un jour elle s'absenta pour retrouver son ami Paul Kamarowsky. Le comte était de passage à Moscou. Avec son binocle et ses airs de dandy, il lui rappelait les soirées heureuses à Kiev. Le couple qu'il formait avec son épouse violoniste, Emilia, était alors une rareté : ils étaient amoureux. Toujours à se tenir par le bras et souriant sans raison. Leur présence ramenait les plus cyniques à la douceur. Car Paul s'émerveillait de tout, avec la simplicité d'un enfant. Excepté cet après-midi-là. Ses sourires n'éclairaient que brièvement son visage, aussitôt rattrapé par la peine. Ils avaient marché le long de la rivière sans échanger trop de mots, sans trop leur donner de sens. Lui n'évoquant que du bout des lèvres la maladie puis la mort d'Emilia, elle n'abordant pas la séparation avec Tatiana. Et cela leur avait fait du bien. Place de la Résurrection, ils étaient entrés au hasard dans la chapelle Ivère et y étaient restés un moment pour écouter une prière du soir. Le chant des chœurs ressemblait au vent lorsqu'il s'apaise, rejoint les plaines, porté par l'écho lointain d'une vie tranquille.

En revenant, ils s'étaient arrêtés rue Neglinnaïa pour manger sur le pouce des saïka aux raisins et siroter un jus aux épices, entourés de courtisanes se rêvant poétesses, d'intellos désœuvrés se voulant chics. Avant de se quitter, elle promit de se rendre à l'enterrement ayant lieu le lendemain. Le brouillard s'était un peu levé alors que le soleil se couchait sur la Moskova.

« Élise ? Mais enfin, ne reste pas muette comme ça ! Parle ! »

Oh, cette peur. Un coup au ventre. Factures, lettres jonchaient le salon. Cendrier et nécessaire à cigarettes étaient dispersés sur le sol. Le coffret brisé, le vase renversé. Les œillets blancs gisaient sur le tapis. Sans attendre la réponse d'Élise, Maria monta quatre à quatre l'escalier, criant, hurlant : « Tioka ! Tioka ! Ils sont venus me le prendre ! » Son regard s'acharnait à percer l'obscurité. Dans la panique, les portes se confondaient, indissociables les unes des autres. Elle les poussait, cherchant une forme dans le noir. Le lit… la salle de bain… Tioka n'était pas là. Elle longea le corridor, rebroussa chemin, regardant à nouveau dans la même chambre, ouvrant les rideaux sur la nuit.

« Tioka ! Tioka ! »

Petit bonhomme, ses cris l'avaient tiré du lit et jeté dans le couloir. Il hésitait à s'approcher d'elle. « Viens là, toi, viens. » Elle s'empara de son corps chaud de sommeil. Elle l'embrassa, le serra, l'embrassa encore. Sa tête sur son épaule tombait de fatigue. Elle se délecta de cette main dans la sienne en le ramenant jusqu'à sa chambre. Il escalada son lit et releva tout seul le drap sur lui.

Élise l'attendait en bas des escaliers. Elle lui fit signe de la rejoindre dans la cuisine. Maria ôta les épingles de son chapeau, ses gants, ramassa son nécessaire à cigarettes et se laissa tomber sur une chaise. Élise gardait le silence, dos à elle, ses épaules maigres courbées au-dessus de la cuisinière où une casserole d'eau bouillait sans qu'elle la retire du feu. « Oublie le thé, Élise. Sors-nous une bouteille. Et puis assieds-toi. Vas-tu enfin me dire ce qui se passe ? » Ce n'est qu'alors qu'elle vit son visage. Ses yeux rouges. Elle baissait les yeux, cherchant à savoir ce qu'elle devait dire ou taire.

« Je peux vous piquer une cigarette, Madame ?

— Serre-toi. Alors ? Mais parle, bon sang !

— C'est monsieur Prilukoff.

— Quoi, Prilukoff ?

— Il est venu ce soir, vers dix-neuf heures. Vous voyez bien comment il fait, hein ? Il est passé par la petite porte de derrière. Faut croire qu'il pensait que j'étais pas là, car je l'ai surpris devant le secrétaire en train de fouiller dans votre courrier. Il lisait les lettres de votre père, mais aussi celles d'avec le comte Kamarowsky. Quand il m'a vue, il a foncé sur moi pour me les mettre sous le nez, répétant : "C'est qui ça ? Ça date de quand ?" Comme si je savais, moi, à qui Madame écrit. Bref. Déjà, cela ne lui a pas bien plu que je le surprenne. Puis il m'a demandé où vous étiez. J'en savais fichtre rien. Alors, je suis allée dans la cuisine, un petit moment. Il avait l'air de s'être calmé. Enfin, façon de parler : il regardait bizarrement le nécessaire à cigarettes en diamants qu'il vous avait offert, le tournait entre ses doigts. Tout comme d'habitude, je suis revenue pour lui servir son verre de vodka. Là, j'ai fait une belle bêtise, je lui ai présenté les dernières factures. V'là qu'il me les a jetées à la figure. V'là qu'il gueulait qu'il n'était pas votre pigeon, que sortir, comme ça, le soir, cela allait "bousiller sa défense". Que vous n'étiez pas une “dame du monde”. Et là, je lui ai répondu, du tac au tac, qu’il n’était “que” votre avocat. Qu’un avocat, ça a des horaires, et que c’est pas à cette heure-ci qu’on visite les dames, justement ! Il m’a serré le bras. Son visage était aussi rouge que votre robe. J’ai bien cru qu’il allait m’en coller une. Mais, au lieu de ça, il a fait valser le vase, le coffret où il met l’argent et il est parti. Vous vous êtes sûrement croisés, car à peine j’ai entendu la porte claquer d’un côté qu’elle s’ouvrait de l’autre. Lui qu’était si gentil, je comprends vraiment pas ce qu’il lui a pris.

— Moi, je ne comprends que trop bien. Donne ton verre que je te resserve. Si demain Prilukoff revient, dis-lui que je vais à l’enterrement de madame Kamarowsky, à Oriol. Et puis non : je vais lui laisser un mot. Un mot doux, puisque c’est ça dont il s’agit. »

Paul était à genoux devant le cercueil de sa femme, communiant avec elle dans l'obscurité. Si tout autour de lui n'était qu'or et icônes, que le cœur rayonnait sous la lumière vacillante des hauts chandeliers, que les couronnes comme les chants emplissaient l'église de cette compassion de circonstance, il semblait plongé dans le noir, à revivre les derniers moments et raviver le temps. Le pope s'approcha doucement de lui, le prit par le bras pour l'aider à se relever. Paul toucha des doigts le bois du cercueil, puis traversa la nef, suivi par la famille, dont il ne voyait ni l'émotion ni les larmes, jusqu'à ce que son fils Grania vienne lui prendre la main. Le long cortège passa sous le porche de la collégiale de l'Épiphanie, s'enfonça sur le chemin de terre bordé de hauts platanes, dans un bruit de gravier, de murmures sages, à peine perturbés par le chant des oiseaux. Au niveau de l'allée conduisant au cimetière, Maria remonta le cortège pour faire quelques pas à ses côtés et lui présenter à nouveau ses condoléances. Un sourire aux lèvres, il évoqua la première fois où il avait vu Emilia jouer du violon. « De ses mains volatiles, battements d'ailes sur les notes. » De cette dernière, où elle avait tendu son archer à leur fils, se contentant de lui dire « Je te le confie. » Maria n'avait jamais connu un amour comme celui-là, de ceux qui continuent de faire sourire, non pas malgré les larmes, mais pour les accompagner.

Elle repartit à l'heure où les lampadaires de la rue Kromskaïa éclairaient faiblement les façades et leurs volets clos. Autant d'étoiles à portée de main, se dit-elle en montant dans la calèche. Elle voyagerait de nuit et arriverait à l'aube. Elle se promit de lui écrire un télégramme en chemin. Ce qu'elle fit :

*Paul, nous devons nous aimer.*

Le cocher lui rendit un billet de trois roubles. Elle n'en avait plus d'autre. Rue Arbat, les commerçants déployaient déjà leurs tréteaux. Une femme au teint brun disposait sur le sol trois paniers garnis de pommes et de pain noir, tenant à l'œil les mômes affamés qui lui tournaient autour.

Maria tira le rideau donnant sur la rue et s'alluma une cigarette. Les volutes de fumée se mêlaient à l'aube dorée baignant la cuisine. Par chance, Tioka et Élise dormaient encore, elle n'aurait pas eu la force d'affronter leur regard. Elle posa sur la table, bien à plat, le billet bleu et rose puis inspecta la cuisine. Pas de pain ni de lait sur l'étagère. Pas de pommes près de l'évier. Prilukoff n'était pas revenu. Dans quelques jours, elle quémanderait de l'argent, contre un sourire, quoi d'autre encore ? Tout en dégrafant sa robe, elle marcha sur la pointe des pieds jusqu'au salon. Il n'y avait plus d'ampoule de morphine dans le tiroir du secrétaire. La seringue était presque vide. Un léger liquide blanc aux reflets argent subsistait au fond du cylindre. Elle s'injecta la dernière goutte et rigola nerveusement : ces saloperies de trois roubles ne lui serviraient à rien. Restait plusieurs flacons de liqueur. Elle en avala de grandes gorgées qui lui brûlaient le palais et lui rongeaient le ventre. Une nausée la bascula en avant sans qu'elle parvienne à vomir. L'ivresse ravivait l'image de l'agonie de Stefan. La petite main de Tatiana. Elle la renvoyait aux absents, exhumait les visages éteints par le temps.

« Vous ne pouvez pas rester là, madame, râla Élise. Tiens, mettez votre bras comme ça, sur mon épaule. Je vais vous aider à monter dans votre chambre.

— J'ai besoin de morphine. »

Elle n'aurait pas dû. Ou peut-être que si. Au fond, Madame ne lui avait pas franchement laissé le choix. Élise se présenta au cabinet de Prilukoff et demanda à lui parler. Son assistant, Mickailovich, hésita, puis la laissa attendre dans le couloir, à côté de pauvres bougres. Un paysan ruiné par une mauvaise récolte, écrasé par les nouveaux impôts exigés par l'empire, bien plus d'argent qu'il ne pouvait en gagner en un an. Une veuve et ses trois filles, sans chapeau ni gants, jetées à la rue par un vendeur de sommeil qui avait gardé en caution le peu de bien qu'elles possédaient. Même s'il l'avait voulu, Prilukoff n'aurait pas pu soutirer un kopeck de plus à cette clientèle tutoyant la misère jusque dans leurs regards. Si Prilukoff était un homme colérique, jaloux, voire violent, l'avocat, lui, n'avait rien d'un voyou. Et ces deux heures passées à poiroter avaient calmé la rancune d'Élise, côté cœur. Quand il la reçut enfin, sa méfiance s'était endormie, tout amidonnée de bons sentiments. Alors, elle lui dit la vérité, directe, pensant bien faire. Que Madame, la morphine, elle en avait besoin depuis la mort de monsieur Stefan. Que c'était son pansement, quoi, sa respiration. Qu'elle n'avait plus un kopeck. Bref, qu'il devait l'aider. Il l'écouta distraitement, puis fit ce petit geste de la main qui congédie. « Allez, allez, je passerai dans la journée. » À la seconde où il lui répondit sur ce ton, Élise comprit qu'elle venait de faire une belle bêtise, une de plus.

Sans se donner la peine de patienter au salon, Donat prit la liberté de monter dans la chambre. Maria s'en ficha. Qu'est-ce que cela pouvait bien lui faire qu'il la voie prostrée dans son lit, les cheveux en bataille et la chemise sale ? Cette vulnérabilité, manifestement, inspira le bonhomme : « Je vous ai manqué ? » l'interrogea-t-il, tranchant, restant sur le pas de la porte. Elle le détailla. Il tenait dans ses mains sa boîte de morphine.

« C'est pour moi ? demanda-t-elle, la voix brisée.
— Je vous ai manqué ?
— Oui.
— Dites-le-moi, alors.
— Oui, vous m'avez manqué. Donnez-moi la boîte.
— À quel point ? À quel point, je vous ai manqué ?
— Énormément. Satisfait ? Donnez-moi la boîte maintenant. »

Il se radoucit, posa la morphine sur l'oreiller, affichant un sourire de compassion. « Je vous attends en bas. » En passant devant l'armoire, il sortit sa robe rouge qu'il étendit sur l'édredon. « Celle-ci. Ce soir, nous allons nous amuser. » Elle se mit à rire. Il prit ça pour de la joie. Elle descendit, habillée pour séduire, sans envie d'exister.

Après avoir écumé les échoppes distinguées de la rue Solianka, ils dérivèrent jusqu'à une auberge du quartier de Khitrovka. Ville-dortoir où les ouvriers venaient s'allonger pour quelques heures sur des matelas de paille, pisser dans une bassine et s'en mettre plein la lampe, avant de repartir au charbon. Les lèvres débordant de vodka, elle rit de la crasse des murs, des mines boursouflées des ouvriers, de ces paysans soûls, aux yeux mi-clos, flattés de tenir par la taille une aristo au regard méprisant. Les cris des violons étaient son chagrin. La chaleur moite de ces mains d'hommes la prenant par le bras pour la faire tourner, son abîme. Son sang était un torrent d'émotions en vrac, gâtées par la morphine, altérées par l'alcool. Prilukoff la collait, impatient de la serrer, comme les autres, contre lui. Il sortit fièrement de sa poche une boîte à bonbons. Ils avalèrent chacun un petit cachet de cocaïne. Elle ne ressentit plus aucune émotion, que des impressions, diffuses. Une cacophonie de notes, de rires, de braillements inondant l'auberge, saturant le temps. Le regard allumé de Prilukoff revenait sans cesse devant elle, tel un masque absurde puant le désir. Sa peau, l'instant d'avant rougie par l'ampoule du lustre, devint terne et grise lorsqu'ils montèrent dans le fiacre les raccompagnant.

Dès le palier de l'appartement, il colla sa bouche contre la sienne ; elle s'étonna du goût de vieux de sa salive. L'aversion était la bienvenue, adaptée à son désir de tordre la vie, de tendre vers le pire. À peine la porte de sa chambre refermée, il se plaqua contre son ventre, jusqu'à ce que le dos de Maria rencontre le mur. Sa main appuya sur les plis de sa robe au niveau de son sexe. Elle bascula la tête en arrière, esquissa un sourire. Espérant pouvoir profiter de ces secondes qui autorisent, il remonta sa main le long de ses bas, s'immisça dans la fente du caleçon et la pénétra de ses doigts. Lui guettait le plaisir sur son visage. Elle aurait préféré gommer le sien, effacer ses yeux bleus, de sorte à pouvoir penser à un autre. Ces doigts qui la fouillaient lui enlevèrent les derniers lambeaux de pudeur. Elle dégrafa sa jupe. Souleva la bordure de son jupon pour la coincer au niveau de sa taille. S'amusa de son expression stupéfaite et vorace. Posa son pied sur une chaise pour qu'il la voie, que son désir brusque l'attente. Qu'il la prenne et qu'elle sente son corps vibrer au rythme des mouvements pleins, allant, venant. Elle ne jouit pas de ce sexe d'homme en elle, mais du néant précédant l'extase.

L'indifférence du premier soir resta intacte. Le corps nu et svelte de Donat gisant dans son lit ne réveillait en elle aucune émotion, agréable comme désagréable. Sorte de contemplation morbide sans cadavre. Il n'était pourtant pas particulièrement laid. Le fait est que, dans son cas, un peu de monstruosité lui aurait donné un supplément de charme. Elle en aurait tiré une source intéressante de plaisir. Elle le regarda gesticuler sous l'édredon, sa main effleurant sa cuisse, dans une petite moue de satisfaction. Peut-être ces doses massives de morphine, de cocaïne avaient-elles remplacé sa soif de bonheur par une vibration malsaine. Seulement, le bonheur, c'était Tatiana. Et elle préférait mille fois s'assommer avec toutes ces drogues et ouvrir les cuisses plutôt que de penser à sa môme grandissant loin d'elle. Elle dégagea le bras de Donat de sa cuisse, attrapa sur la table de chevet la boîte de cocaïne, goba deux cachets et s'alluma une cigarette. Elle souffla la fumée sur son visage sans provoquer chez lui aucune réaction ; il dormait comme une masse. Depuis quelque temps, il ne lui infligeait plus de soirées sans fin dans des auberges à soldat. Sa guerre à lui était gagnée. Il passait ses nuits chez elle, ne sortant du lit que pour aller à quelques rendez-vous, en milieu d'après-midi. À croire que sa femme et ses enfants étaient soit d'une extraordinaire tolérance, soit d'une insondable naïveté. Mis à part ce menu détail, tout le monde était content : Élise de remplir ses placards de pain, de sucre, de lait et de vin ; Tioka de son jeune instituteur français lui enseignant toutes sortes de sciences en « ique » – botanique, mathématiques… Il n'y avait que Tatiana qui manquait… D'elle aussi, Donat s'occuperait. Sûrement. Il le lui avait promis.

« Allez, Prilukoff, réveille-toi. Il est midi.

— Tu es belle, Maria… Non, c'est vrai : tu es belle, le matin.

— Et toi, tu es laid, grossier, mais riche.

— Ha, ha, à ce train-là, pas pour longtemps. File-moi une clope.

— Tu n'as plus de clients ?

— Si je continue à faire des grasses matinées, je vais tous les envoyer au peloton. Ce ne sont pas leurs veuves qui régleront mes honoraires, je le crains.

— Parfait. Je serai ta seule cliente.

— Tout à fait, madame Tarnowska. Viens là… allez…

— Bas les pattes. Et debout ! Avant d'aller travailler, tu m'accompagnes dévaliser les magasins.

— Encore ?

— Oui, "encore". Regarde bien mes lèvres lorsque je le dis : *en.cor.e.* Allez, vire de mon lit.

— Non. Dis-moi : "Je vous en supplie, monsieur l'avocat, sortez de mon lit."

— Très bien : “Je vous en supplie, monsieur, sortez de mon lit.” Je me mets à genoux, pour faire plus réaliste ? »

Il s’était assis au bord du lit, avait dégagé le drap, dévoilant sa queue, qu’elle détailla, faisant mine de s’interroger, un peu lasse. À quatre pattes, elle frôla ses genoux de ses cheveux, à la manière d’une chatte, lécha un peu de sa peau, puis remonta jusqu’à son sexe, riant de son immobilité soudaine lorsqu’il craignit qu’elle ne s’arrête là. Elle le rassura du mieux qu’elle put.

« Allez, Donat, on sort, maintenant.
— Je sens que cela va me coûter cher !
— Tu n’as pas idée. »

Depuis la misère, le nombre de jours sans manger à sa faim ; depuis qu’elle en avait de nouveau les moyens, acheter était une idée fixe. Une pulsion créatrice, destructrice, comparable à celle du peintre caressant sa toile de son pinceau, avant de la lacérer d’un coup de canif et de la jeter aux flammes. À peine une toilette était-elle acquise, portée et rangée dans son armoire qu’il lui en fallait une nouvelle. Bien neuve. Toute propre. Ce désir, pioché dans les pages d’une revue illustrée, la tenait éveillée la nuit, l’aidait à se lever le jour. Plusieurs roubles dans son trousseau, elle arpentait, les pieds en feu, les boutiques de la rue Kouznetsk, pour dénicher des bas en jersey plus fin, un caraco d’un taffetas plus soyeux. L’indécence des sommes déboursées participait à l’enivrement. Acheter la rassasiait, comme autant de bouchées de gâteaux gras avalées jusqu’à ce que le ventre plein, gavé, se gonfle de bonheur. Plus les mains de Donat l'avaient fouillée la veille, plus elle s'était avilie, grisée de plaisir, emportée par leurs rires grivois, plus cette soif de beau montait d'un cran. La décadence était palliée par la pureté des matières. Il fallait compenser la laideur par la perfection d'un bustier. Consommer la maintenait dans une torsion de l'âme où elle se trouvait belle et digne, pendant quelques heures. Mais sitôt les mousselines et taffetas étaient portés et salis lors d'une énième nuit de luxure, sitôt les habits perdaient de leur pouvoir. Il fallait en acheter d'autres, dépenser encore. Prilukoff ne lui refusait rien. Son instinct devinait que chaque partie du corps de Maria qu'il enduisait de luxe, dès lors, lui appartenait. Que cette maladie de la démesure était une bouche offerte qu'il remplissait de ses propres désirs. Celui de la posséder jusque dans la ligne d'un bas, celui d'afficher, dans les rues, les cafés et les bals, que cette femme, si exceptionnellement parée, était le miroir de sa réussite, l'ouvrage de ses pulsions.

Ainsi, il ne lui déplaisait pas d'arpenter la galerie GOUM, haut lieu du luxe moscovite. Les passantes s'y arrêtaient devant la vitrine de chez Doucet, sans oser pousser la porte. Maria, elle, entrait. Cette fois, la robe de bal convoitée était une pièce de musée. Une nuit de satin de soie bleu, abyssal, une constellation de brillants. Quand le couturier lui chuchota que la grande Sarah Bernhardt en personne avait porté une robe identique lors de la soirée d'ouverture de *Tosca*, à Rio, Maria hocha la tête, envahie d'une inexplicable tristesse.

« Qu'est-ce que tu me donnes pour cette robe ?
— C'est-à-dire ?
— Quelle partie de ton corps ?
— Celle que tu n'as pas encore prise. »

Tirer sur le fil du désir transformait Donat en une marionnette aux joues empourprées, serrant ses gants comme un joueur sur le point de gagner une grosse somme :

« Monsieur, pardon, souhaitez-vous également prendre l'éventail, ainsi que le bandeau ?

— Je prends tout ! »

Ils éclatèrent de rire. Lui d'impatience, elle de l'étendue de sa vulgarité. Ainsi les termes du contrat étaient-ils scellés. Il l'accompagna jusqu'à l'appartement et attendit au salon, le temps que Maria demande à Élise d'emmener Tioka en promenade. Sans échanger un mot, ils montèrent à l'étage. Il ne s'approcha pas pour l'embrasser dans le cou ou pour rire, avec elle, de cette promesse idiote. Il la suivit en silence, d'un pas lent, concentré sur son propre désir. Dès l'escalier, une sensation envahit Maria, comparable à l'effet de l'éther, désagréable mais indolore, pernicieuse mais lente, s'insinuant sous sa peau, parvenant à cheminer en elle, sans qu'elle puisse l'en empêcher ni même s'en plaindre. Maria poussa la porte de la chambre comme une putain l'aurait fait de celle d'une chambre d'hôtel. La fadeur de cette fin de journée tombait en aplat gris sur le lit. Elle tira les rideaux, se dirigea vers le paravent pour se dévêtir. En déboutonnant son corsage, elle n'était déjà plus qu'une enveloppe de chair que l'on s'apprête à manipuler. Devant la vasque de toilette, elle se lava les mains, se passa un linge sur le visage, se lava à nouveau les mains, gagnait du temps. L'aversion ressentie dans l'escalier avait investi la pièce tout entière. La grande boîte de carton contenant la robe était restée posée contre le mur. Dans cette semi-obscurité, le soyeux du ruban rose tournait au violet, comme une promesse de fête, de danse, le tournis d'une joie sale. Donat déboutonnait son veston, dégrafait son pantalon. Voici donc un homme avec sa putain. Sûr de ce qu'il va obtenir ; réfléchissant, sans doute, à l'ordre de ses désirs, aux limites qu'elle lui fixerait. Au temps qu'il lui restait avant de retourner travailler. Maria se servit de son regard froid pour y puiser cette violence qui lui ferait perdre tout à fait le contrôle de son corps. Et peut-être, naître l'envie.

Paul Kamarowsky lui envoya une très belle lettre, en réponse à son dernier télégramme : *Mon fils et moi partons vivre à Venise, reconstruire un présent, loin du souvenir douloureux de sa maman, n'en gardant qu'une image aussi douce que la lagune, aussi intemporelle que ses déclinaisons de bleus. Mon amie, Maria, venez ! Je vous y attends.*

Elle glissa le télégramme dans le secrétaire, sourit et bâilla, avant de se replonger dans la lecture du supplément mode du *Petit Journal*, s'attardant sur les dessins de nouvelles coiffures. Vêtue du vieux kimono de soie de Stefan, elle traîna les pieds jusqu'au trumeau, releva ses cheveux, de sorte à faire bouffer les mèches sur le devant, à la manière des Parisiennes. « Pas terrible... Je n'y vois plus rien. Élise, allume le lustre. » Élise retira l'aiguille de la broderie qu'elle déposa sur la console, à côté d'elles :

« J'en profite pour vous servir un peu d'absinthe ?
— Si tu veux.
— Monsieur Prilukoff ne vient pas, ce soir ?
— Va savoir. »

Élise s'acharna sur l'interrupteur. Après avoir fait le tour des lampes du salon, elle essaya celles de la cuisine, les appliques du couloir. À l'évidence, l'électricité avait été coupée. Il fallut rallumer les lampes à pétrole, qui répandirent à nouveau dans la pièce cette odeur âcre de pauvreté.

« Élise, dès demain, envoie ce télégramme à Prilukoff : *Pas d'électricité. Plus de téléphone. Nous partons à Venise. M.T.* »

La nuit fut calme et sans homme. Le matin, plat. De son lit, Maria fumait cigarette sur cigarette, indolente, après une bonne dose de morphine dans les veines. Ce flou attendrissait la surface des pensées, polissait, comme l'eau sur la pierre, l'aspérité des questions, le vertige des réponses. Elle replia le pan de son kimono sur sa poitrine, en caressa du bout des doigts la soie, prête à se rendormir, quand Donat fit irruption. Il avait reçu le télégramme et tournait maintenant autour du lit, reniflant l'atmosphère, soupesant l'attitude de Maria pour y lire la colère ou le désir. *Un roi sans couronne, un félin sans crocs*, se dit-elle, tirant sur sa cigarette, jetant dans son silence un mépris évident. Comme il n'osait pas ouvrir le feu, elle dégaina la première :

« Plus d'électricité, plus de téléphone, bientôt plus d'eau. Tu ne me dois rien, Donat, mais tout de même. Prévenir aurait été plus… *noble*.

— C'est de ta faute, marmonna-t-il.

— Comment ça ?

— C'est de ta faute si je n'ai plus un kopeck.

— Sans blague ?

— Et tiens, cet éventail ! s'agaça-t-il, se retenant de le mettre en pièces. Cette poudre ! Ces parfums ! Qui me les a demandés ? Toi ! Et qui te les a offerts ? Moi ! Même ma femme n'a jamais mendié comme tu l'as fait.

— Mais est-ce que tu la baises comme moi tu me baises, ta femme ? lança-t-elle avec dédain, tout en s'allumant une nouvelle cigarette.

— Comment oses-tu !

— Met-elle ton sexe dans sa bouche, ta femme ? Se retient-elle de vomir pour te laisser jouir ? Allez, dis-moi, l'avocat, le prince au bon cœur : se mord-elle les lèvres pour cacher la douleur lorsque tu la prends par-derrière ? Est-elle obligée, comme moi, d'aller se caresser, en secret, à la va-vite, pour rendre supportable ton odeur, le poids de ton corps sur son ventre, ta femme ? Je vais te dire, elle a bien de la chance d'être délaissée.

— Oh, ma belle, tu n'as jamais eu l'air de te forcer.

— Non, c'est vrai : j'investissais… Mais à perte ! »

Prilukoff rougit. Une fièvre déferla de l'arrière de son crâne, transpira dans ses mains, dépossédant ses pensées de tout libre arbitre. Dans un mouvement de fureur, il se jeta sur elle pour empoigner le kimono par le col, serrer de toutes ses forces. Qu'elle se taise enfin, ravale ses mots immondes, brise le miroir d'une vérité qu'il ne soupçonnait pas, celle du dégoût qu'il lui inspirait. Elle se débattait, le griffait. Il serra, plus encore, jusqu'à ce que son petit visage arrogant s'empourpre et se gonfle, que sa bouche béante cherche de l'air. Que sa vie ne dépende que de ses mains, lui appartienne enfin.

Le pas anodin d'un passant venant de la rue le ramena au réel. Il prit subitement conscience du bruit, de l'espace autour d'eux, du visage de Maria sur le point de s'éteindre. Il relâcha la pression, sidéré de sa propre colère. Elle mit sa main sur la sienne, commuant la violence en étreinte de sorte qu'il libère l'étoffe. Elle porta cette main qui voulait tuer sur sa joue, en caresse. Embrassa ses doigts tremblants, sans le quitter des yeux. Il sentit la chaleur de sa peau en feu. Perdu dans le désordre de sa passion, il bascula son front sur sa poitrine et sanglota comme un enfant affolé. Ses larmes se mélangeaient à sa morve, à la salive de ses baisers. Il hoquetait. Elle l'enlaça tout à fait :

« Allons, allons. Écoute-moi, maintenant : tu vas gentiment regagner ton cabinet et faire revenir tes clients. Va chez toi et embrasse ta femme sur le front, comme je le fais avec toi. Retrouve ta vie, Donat.

— Mais toi ?

— Je pars à Venise chez un ami, pour quelque temps.

— Jamais ! Jamais ! Plutôt mourir, gémit-il, tout en plaçant ses mains directement sur sa gorge. Maria, mourons ensemble. Plus “d'après”. Laisse-moi te tuer. Dès que tu seras partie, je te suivrai, me collerai une balle dans la tête.

— Mon pauvre Donat, tu prends trop de drogues, tu deviens fou. »

Il quitta le lit, recula de quelques pas. Ses yeux cherchaient une issue. Sa détresse ressemblait maintenant à la sienne. Ils partageaient ce marc opaque qui encrasse les pensées. Ce résidu de honte et, par extension, de bonheur dégradé. Elle avança vers lui pour poser sa joue sur son torse. Sentir cet emballement du cœur qui frappe et frappe encore pour absorber la déflagration de l'émotion. Elle avait mal pour lui. Elle avait été cruelle par lassitude, il l'avait été par amour. Et ce gouffre résonnait en elle, sorte d'apaisement.

« Maria, lève-toi, vite ! Habille-toi.

— Mais enfin, Donat, gémit Maria en laissant sa tête retomber sur l'oreiller. Il est trois heures du matin. Tu devrais être avec ta femme et moi en train de dormir !

— Ah non, hein ! s'énerva-t-il en la saisissant par le bras pour la forcer à se redresser. Il faut que nous quittions Moscou. Maintenant ! »

Il était sérieux. Sa nervosité ne trahissait l'abus ni de cachets ni d'alcool. Il y avait autre chose. Il avait peur. Vraiment peur. Ses traits grimaçaient de panique. Il balança en vrac ses vêtements, son nécessaire de toilette dans une malle. Lui tendit ses jupons, son corset et une robe, n'importe laquelle, pour qu'elle s'habille en vitesse. Elle refusa tout net et s'assit sur le lit.

« Tu dois me dire ce qui t'arrive, Donat.

— Ce qui *nous* arrive, répliqua-t-il, irrité.

— Si tu veux : ce qui nous arrive.

— Nous… Tioka, Élise, toi et moi allons à Paris.

— Tu te rends compte… tu te rends bien compte que cela n'est pas possible. Ton cabinet, ta famille… Enfin, Donat : c'est invraisemblable de prendre une décision pareille. Et puis, pourquoi partir au beau milieu de la nuit comme des voleurs ?

— Parce que je le suis.

— Je ne comprends pas.

— Un voleur ! J'ai volé l'argent confié à mon étude par mes clients. Là, c'est bon, t'as compris ? Oh, Maria, on va pouvoir vivre comme des princes pendant des années. Tu auras tout ce que tu veux, nous irons où tu le souhaites. Tu avais peur de manquer ? Eh bien, vise un peu mon cartable : quatre-vingt mille roubles. Tu mesures ce que cela représente ?

— Oui, des années de prison. »

Dans le train les conduisant tous les quatre à la frontière, il trouva le sommeil. Les traits de son visage se détendirent enfin, balayés par les reflets argent d'un jour tour à tour pluvieux, éclaboussé de blanc ou avalé par l'obscurité brutale lorsque le wagon traversait un tunnel. Non, elle ne serait jamais victime de cet homme-là, pensa-t-elle. Son détachement la protégeait des souffrances de la passion et des devoirs de l'épouse.

Le Paris qu'ils découvrirent, gare de l'Est, n'avait rien à voir avec ce cocon de volupté qu'elle s'était figuré. La ville était une fournaise. La chaleur étouffante de ce dimanche après-midi d'août avait jeté dans les rues des milliers de badauds. Ça fourmillait dans tous les sens, un enchevêtrement de courants dissonants où le Nouveau Monde toisait l'Ancien. Assis sur des bancs, écrasés par la soif, des mômes en guenilles relevaient les yeux sur la petite bourgeoisie paradant en fiacre boulevard des Italiens. Les dames cambraient leurs hanches enrubannées de mousseline de coton blanc. Elles maintenaient la tête bien droite pour supporter le poids de leurs chapeaux ; un échafaudage de plumes et de fleurs pesant sur leurs visages en sueur qu'aucun éventail ne parvenait à rafraîchir. Place de l'Opéra, les pavés brûlants dilataient dans l'air la puanteur du fumier et d'essence. On se serrait en terrasse, on alpaguait un crieur pour lui acheter, à la volée, l'un de ces romans-feuilletons dégoulinants de sang et de miel. On traversait l'avenue, sans prêter la moindre attention au klaxon des voitures qui elles-mêmes coupaient la trajectoire des fiacres dont les chevaux, effarouchés, tapaient du sabot, bavaient de fatigue. Rue de Rivoli, leur voiture resta bloquée. Une béance éventrait le bitume sur des mètres. Des ouvriers transperçaient les entrailles de la ville, attaquant son ventre à coups de pioches pour venir à bout de son tissu rocailleux. La veste et les mains blanchies par le calcaire, ils allaient et venaient dans son antre pour en sortir des sacs pleins de terre et de pierre. Après avoir relevé leur casquette pour essuyer leur front de leur manche, ils y retournaient pour creuser, sans relâche, ce tunnel où passerait bientôt le métropolitain. Partout où l'on posait les yeux, Paris se livrait.

Et Donat en voulait sa part. À peine leurs malles ouvertes dans leur suite à l'hôtel Meurice, il fonça dans le hall pour demander au concierge d'échanger plusieurs liasses de roubles contre des francs. Il bouillait d'impatience de replonger dans le bain chaud des rues, de croiser les midinettes et leurs courts jupons dévoilant leurs bottines, de dégoter des cartes postales érotiques sur les quais avant de remonter l'avenue de l'Opéra pour aller s'allonger sur l'une des filles du Chabanais. Pas de chance, à cette heure-ci, il trouva porte close. L'argent ne lui brûlait pas seulement les doigts, il déréglait ses désirs. À Paris, tous devenaient réalisables, à portée de main.

Une voiture les conduisit au cœur du bois de Boulogne pour aller dîner au select Pré Catelan. Ils goûtèrent au petit homard, entourés de millionnaires étrangers et de demi-mondaines endiamantées. Tous les regards convergeaient vers un groupe, très bruyant, placé à la meilleure table, dans l'alcôve donnant sur le jardin. Impossible de ne pas reconnaître cette extravagante petite femme, enroulée dans une large écharpe de fourrure, coiffée d'un bandeau piqué de plumes immenses. Sarah Bernhardt sortait de scène. Elle avait tronqué son costume de Thérèse d'Ávila contre celui d'une saltimbanque chic. La comédienne se leva de table pour aller respirer l'air frais du jardin, tenant en laisse son bébé puma. Personne ne s'en étonnait. Le personnel était même aux petits soins pour l'animal. Sous la table, ils avaient dressé deux gamelles d'argent sur une nappe brodée. Peine perdue. Dès le début du repas, la Divine prit le félin sur ses genoux, lui servit du champagne, de sorte qu'il puisse « profiter de la soirée, comme tout le monde ». Maria l'enviait. Sa richesse ne tenait pas à ce qu'elle portait, pas même à la dévotion qu'elle suscitait, mais à cette liberté absolue qu'elle s'accordait, sans l'ombre d'une hésitation. « Vieille chouette », glosa Donat, se gavant d'une nouvelle ration d'huîtres. « Petit cochon inculte », le moucha Maria.

Repus, mais pas encore tout à fait ivres, ils filèrent dans le neuvième arrondissement pour ne pas manquer le café-concert des Folies Bergère. Un grand marché couvert où le vice se cachait sous l'apparat de la vertu. En bas, le commerce. En haut, l'abattage. Car le spectacle n'était pas sur le plateau, où une cocotte dénudée s'essayait à la danse orientale, encourageant le public par ses jeux de bassin à régler la portée de leurs lorgnettes. Ni même dans le jardin d'hiver, sur ses sofas rouges abrités de paravents, où cette faune avalait des millions en se soûlant de champagne. Non, les scènes les plus prisées se déroulaient hors champ, à l'étage, entre les colonnes du promenoir. Donat et Maria rejoignirent ce long couloir mal éclairé où l'on se pressait en nombre et où l'on marchait lentement. Sur leur passage, de jeunes femmes laissèrent traîner un regard ambigu sur Donat puis dévisagèrent Maria pour savoir si elle était des leurs. Elles discutaient tout haut du montant de leurs faveurs, balançaient des mots crus, riant à gorge déployée, à la face d'hommes hésitants. Elles faisaient étalage de tous leurs charmes pour les convaincre qu'elles valaient le détour. Leurs robes de velours de soie étaient du dernier cri. Leurs précieuses parures incarnaient l'étendue de leurs talents. Seulement, il y avait l'odeur. Le couloir exhalait la sueur, le cigare et le foutre. À peine l'accord conclu qu'on faisait ça à la va-vite, le cul en arrière et la poitrine contre le mur, le bas noir et la jarretière retenus par deux mains fermes. Un marché aux bestiaux où la bête exhibait ses diamants et où le client débraillé abandonnait sur le sol sa canne et son chapeau pour aller au bout de son plaisir. Quand Donat se colla à Maria, elle sentit distinctement qu'il n'était pas indifférent à ce spectacle. Il y a des tourbillons de vie qui sont des tourbillons d'ennui, elle le repoussa.

À n'en pas douter, il fit, les jours suivants, le tour des music-halls comme des filles racolant sur le ruban. Il revint dans la suite de l'hôtel avec une trouvaille : « Vise ce que j'ai déniché ! » Il décacheta le papier enveloppant son paquet de la taille d'une boîte à chapeau, en tira l'engin, qu'il posa avec précaution sur la table basse. « Un appareil photo à plaques », articula-t-il, tentant de reproduire l'accent français du vendeur qui le lui avait fourgué pour plus de mille francs en se frottant les mains. Il lorgna son nouveau jouet, envoyant à Maria des œillades excitées.

« Qu'est-ce que tu veux faire avec ça ? gronda-t-elle.
— Tu n'as pas une petite idée ?
— Oh, je doute qu'il s'agisse de me photographier avec Tioka lors d'une balade aux Tuileries. »

Son iris s'assombrit, un regard presque noir. Sûr qu'en remontant le quai de Seine, il s'était payé l'une de ces cartes postales, vendues sous le manteau par les bouquinistes, où des femmes, dans un décor de carton-pâte, mimaient la toilette dans des poses érotiques. Il avait le courage de ses fantasmes, pas celui de les verbaliser. Craignant qu'elle ne s'indigne, il ferma les rideaux, avec lenteur, pour invisibiliser ses intentions et, un geste après l'autre, les faire entrer dans le champ du possible. Une fois les deux plaques de verre insérées dans le chargeur, il déploya le pied en bois pour y poser l'appareil, tira sur un petit cordon et retourna rouvrir les rideaux. « Enlève le bas ; garde le corset. » Maria résista vaguement : « Je ne comprends pas ce que tu veux », souffla-t-elle comme on souffle sur la braise. Donat serra ses lèvres. Après quelques secondes de doute, il s'approcha. Il y avait une tendresse excitante dans la façon dont il lui ôta sa chemise et son caleçon. Une douceur de menuisier sur son atelier de travail. Aucune précipitation dans ses gestes, il avait bien réfléchi à sa mise en scène. Il allongea la jambe droite de Maria, dont il descendit le bas noir à mi-mollet. Il posa l'autre pied de Maria sur la méridienne, au niveau de sa cuisse, comme si elle s'apprêtait à refaire ses lacets. Puis il lui demanda de basculer son torse un peu en arrière, de sorte que son pubis apparaisse au premier plan. Il retourna derrière l'appareil : « T'es belle. Je veux tout voir. Après, je t'attacherai. » Elle ferait ce qu'il voudrait, par plaisir. C'est l'histoire qu'il se racontait. Il régla l'appareil de manière que seule sa peau nacrée soit exposée – elle captait la lumière. Il photographiait la vibration du plaisir qu'elle traquait. Pour lui, ce corps offert était de l'art.

« … de l'art ? » relève le jeune professeur Weiss, hésitant à le noter dans son carnet.

Il sait bien qu'en lui posant la question, il s'égare. Son rôle consiste à mesurer son degré de responsabilité, à cerner l'accusée, pas davantage.

« Oui… de l'art », sourit Maria, évitant de poser les yeux sur la porte de sa cellule. Parlant comme à elle-même, elle poursuit :

« Le plaisir de se préparer avant de faire l'amour. Les lèvres fardées, le parfum entre les cuisses, le corps qu'on lave, qu'on adoucit. Les baisers que l'on anticipe dans le cou, sur la nuque. L'entrejambe soyeux, la poudre jusque sur le ventre. Oui, je créais une œuvre d'art prête à être détruite : au fur et à mesure, la poudre restait sur les draps, le parfum se mélangeait avec celui de la sueur et du sexe, mes lèvres écarlates devenaient pâles, puis rougies de fièvre. Un art éphémère. Donat avait compris.

— Compris quoi ?

— Ce que je recherchais. Pas l'amour, non. Mais me retrouver, dans les sensations intérieures. Uniquement sentir et ressentir, en anéantissant tout ce qu'il y a de solide autour de moi : les murs, les bruits du dehors, la griffure d'un drap, celle d'un souvenir. Donat devinait cela, par instinct. C'est pour cela qu'il m'attachait les mains, dans le dos, pour m'isoler et me prendre.

— Répugnant… murmure-t-il, le regrettant aussitôt.

— Non, ce qui est *répugnant*, jeune homme, c'est de faire l'amour comme un animal. Évitant l'âme. Ses méandres et ses failles.

— Ce que je voulais dire, c'est que Donat Prilukoff avait envers vous une pulsion destructrice. Inquiétante.

— Levez le nez de vos bouquins. Les fantasmes de Prilukoff ne me faisaient pas peur. C'est à vous qu'ils font peur. Sans doute vous renvoient-ils aux vôtres ?

— Vous déviez la conversation…

— *Dévier*, mot intéressant.

— Ce que je cherche à savoir, c'est si votre coaccusé, Prilukoff, a abusé de votre fragilité et de vos addictions pour faire de vous sa victime.

— Victime ? Oui, mais pas de lui, de moi. Vous ne comprenez décidément pas. Je vais m'y prendre autrement. Êtes-vous croyant ? Bien sûr, vous l'êtes. Le plaisir d'être attachée n'est pas le plaisir de la violence. Il est le même que celui que vous éprouvez en vous agenouillant devant l'autel d'une église. Celui de se soumettre. De poser ses lèvres sur un calice et d'en boire le vin, de goûter l'ivresse de l'abandon. De se sentir vivante par le mouvement du corps qui vous pénètre. Se sentir vivante parce que morte. N'être plus qu'une âme qui erre le temps de l'extase. Avez-vous déjà ressenti cela ? Dites-moi, avez-vous déjà partagé cela ? C'est vous, maintenant, qui ne me répondez pas. »

Trop de morphine. Elle ne contrôle plus le flot de ses mots, déballe ses vérités inaudibles. Elle sur le lit, lui sur la chaise, il est, à lui seul, le procureur, les jurés. Elle sourit à nouveau : « Je ne suis pas un cas à part, vous savez. On est toutes comme ça, plus ou moins. Votre mère, votre sœur, votre petite amie, si vous en avez une. Elles donneraient n'importe quoi pour qu'on les touche, vous savez. Qu'un homme ou même une femme pose ses doigts dans le creux de leurs paumes, remonte le long de leurs bras, effleure leur nuque et qu'un baiser vienne les avaler, leur interdire, un peu, de s'échapper. Qu'on entre en elles, aussi naturellement que le sang circule dans les veines sous la pression des battements du cœur. Mon sang est "malade", disent vos confrères. Sans doute le leur est-il si froid, gâté de trop de morale, de répulsion et de désir refoulé, qu'ils ne le sentent plus, voudraient en contrôler le flux, en changer la couleur comme la trajectoire. Le sang est rouge. Chaud. Il circule sans entraves, nous parcourt. Quand il jaillit, c'est la mort ou la vie. "Ceci est mon corps… buvez mon sang." J'ai bu, le vin et le sang. Il est beau, notre corps, vous savez… Vous rougissez… vous voyez, le sang ! »

Le jeune professeur tourne une page de son carnet. Les murs lui paraissent plus épais, l'air, suffocant. Il écrit, d'un tracé maladroit : *mettre du divin dans le dégoût* :

« Est-ce pour cela que vous lui avez offert un crucifix ?

— Vous pensez que je suis folle ? Non. C'est Prilukoff que cela a rendu fou. Je désirais qu'il tue le corps et qu'il aime l'âme. Une fois que vous avez donné ce pouvoir-là à un homme, cette toute-puissance, vous ne pouvez plus les lui reprendre sans tirer sur le fil de la folie. L'impression qu'il a eue, pendant le sexe, de donner des coups de couteau à un corps offert, il veut la garder et "tuer" encore. »

Sans relever, cette fois, il note : *Stefan. Stahl. Le plaisir né de la mort.*

« Que faites-vous de vos bafouilles ?

— Je vous l'ai dit. Il s'agit d'une démarche scientifique qui a pour objet de mesurer votre degré de responsabilité.

— *Objet*, intéressant... Mon avocat m'a parlé d'une *audience noire*, demain matin. Ce mot me fait peur. Il ressemble à *magie noire, sorcellerie.* Ils vont débattre de ma sexualité, n'est-ce pas ? En s'appuyant sur vos notes ?

— Pas sous cette forme. Je rends mes conclusions tous les soirs sans pour autant aller dans les détails.

— Qui les lit ?

— Mes supérieurs.

— Vos *supérieurs*, intéressant, encore... Des hommes pour décider de mon destin. Le procureur ?

— Non... seulement le juge. J'imagine.

— Vous hésitez. Qu'avez-vous fait ? »

À chaque séance, le même cirque. Ça s'amasse devant le tribunal dès six heures du matin, patauge dans la poisse, l'eau croupie. Puis, sonné dix heures, ça s'agglutine contre les grilles pour pouvoir entrer, s'affaler sur les bancs de la cour d'assises et dérober à « la Tarnowska » un peu de son histoire. Sauf que, ce matin du 3 avril 1910, cette nuée de voyeurs trouve porte close. L'exaltation cède à la déception et la colère en apercevant l'écriteau : « Procès russe. Audience noire à huis clos. » « Pas moyen d'entrer, qu'on vous dit », leur répète, un peu las, l'un des deux carabinieri, sans parvenir à se faire entendre. L'information est ensevelie sous les protestations. Des centaines de bras tendent leur laissez-passer. Ticket jaune pour le peuple, blanc pour les journalistes. « Je te parie qu'ils vont demander à être remboursés », rigole l'un des carabinieri. En une fraction de seconde, la meute quitte la place pour se ruer vers le quai. La gondole amenant Maria vient d'accoster. Avant de poser le pied sur la dalle, elle ajuste le voile noir de son chapeau. Alors qu'elle passe devant les carabinieri, ces derniers cessent de rire, la saluent. Et la saluent encore.

Maria rejoint sa chaise dans une salle d'audience vidée de son public. Prilukoff, droit comme un « i », ne se tourne pas vers elle. Élise est repliée sur elle-même, amaigrie ; quant à Naumoff, un carabiniere est obligé de maintenir, tant son corps tremble et s'affaisse. Les magistrats lèvent le nez sur eux, faisant mine de commencer une journée ordinaire. Le juge taille son crayon, le procureur nettoie ses lunettes. Ils promènent leurs regards désabusés sur le banc des gynécologues. Les douze jurés prennent exemple sur eux, miment leur sérieux. L'un d'eux cache bien mal son excitation. De petits tics nerveux lui font replacer son binocle plusieurs fois de suite. Après avoir ouvert la séance, le juge Angelo Fusinato dessangle une chemise de carton. Il en tire une dizaine de clichés, seuls ou agrafés sur des feuilles de papier. L'un après l'autre, il les fait tourner au procureur Raffaelo Garofalo, qui les remet au premier juré, sur sa droite. Celui-ci se redresse un peu, avant de se pencher sur la première photo. Il prend son temps, détaille le galbe des seins, l'ombre sur les orifices. Il ne s'attarde pas sur la tristesse des yeux et donne, à regret, la photo à son voisin, avant de se plonger dans la deuxième, puis la troisième. Là, fini la répugnance surjouée. Il se gave d'une lumière plus crue, d'une pose plus indécente où Maria est attachée, d'une autre où elle est allongée, cuisses ouvertes, un doigt dans le sexe. Il mesure le temps qu'il lui reste sur sa montre, regarde Maria en biais, se reprend, refile le cliché à son voisin, et ainsi de suite, jusqu'au dernier juré, jusqu'aux gynécologues, impatients d'y jeter un œil faussement expert.

Pendant plus d'une demi-heure, des dizaines de photos passent de main en main, sans qu'aucun mot soit prononcé. Mais les corps parlent. Transpirent. L'un ne peut réprimer un sourire, l'autre se dandine sur son siège, essuie son front d'un mouchoir. Maria détaille leurs doigts, les poils sur leurs doigts, la façon dont l'un mouille son pouce pour tourner les photos. Toutes ces mains entrent en elle, griffent son épaule, la basculent en arrière, en avant, l'allongent devant eux. Des araignées. Du papier à sa peau, elles rampent jusqu'à elle. S'insinuent dans son ventre avec l'avidité débridée de la justice pour extraire de sa chair une vérité. La leur.

« Messieurs les jurés, pressez-vous un peu, s'agace le juge Fusinato. L'audience d'aujourd'hui doit déterminer si Maria Tarnowska est malade et peut bénéficier de circonstances atténuantes. Nous allons entendre à nouveau les médecins ayant expertisé l'accusée. Professeur Bossi, gynécologue, la parole est à vous.

— Ces photos prouvent l'attrait de Maria Tarnowska pour l'onanisme, l'exhibitionnisme. Mais aussi le masochisme, la sodomie et, donc, la souffrance, en ayant recours à la pénétration avec des objets. L'examen a confirmé ces passions sexuelles morbides : nous avons trouvé chez elle des lésions chroniques qui devaient rendre douloureux les rapports sexuels et conduire à la fois l'accusée et ses amants à des états de surexcitation et à un état psychique anormal.

— Qu'entendez-vous par *anormal* ?

— Il y a les altérations laissées dans son utérus, son anus, et dans son cerveau par les traumatismes. Les abus de drogues ont diminué la liberté des actes ainsi que la douleur que ces pratiques répétées auraient dû lui faire ressentir. D'ailleurs, lorsque nous l'avons auscultée, elle n'a, voyez-vous, rien dit. Elle ne s'est pas plainte. Preuve supplémentaire de sa dégénérescence, elle n'est plus réglée depuis son départ de Kiev… Et maintenant, je vais dire quelque chose qui fera sourire : Maria Tarnowska est une pudique. Elle a rougi lorsque nous, experts, lui avons posé quelques questions délicates. »

Elle ne pleure pas lorsqu'on évoque les photos, leur soumission commune au plaisir. Non, là, elle ne pleure pas. Mais, quand l'expert détaille ses menstruations, elle pense à l'enfantement. À Tatiana sur son ventre, à cette petite encore sous le choc de la vie. Alors, les larmes lui montent aux yeux. Elles sont ce qui lui reste d'humanité, qu'à l'instant on s'acharne à lui enlever.

« … Bien sûr, les événements traumatiques de sa vie contribuèrent à nourrir son mal. Mais elle a aussi de la vanité, qui s'exprime dans toute sa conduite sexuelle. Il ne faut pas en faire un chef d'accusation, la vanité étant une caractéristique féminine…

— Si vous le dites. Merci, professeur Bossi. L'étude gynécologique a été complétée par un suivi psychologique depuis son incarcération. Professeur Enrico Morselli, vous avez supervisé ce suivi. Quels événements traumatiques ont, selon vous, "nourri son mal" ?

— Sa relation avec Stahl pendant l'agonie de son amant. Incontestablement. Dès lors, elle a tiré *son plaisir de la mort*, je dirais même qu'elle a cherché à mettre *du divin dans le dégoût*.

— Et donc, quelle conclusion en tirez-vous ?

— Vous savez, dans les classes aristocratiques russes, le daltonisme moral est fréquent : instabilité des sympathies, psychoses, excitabilité de caractère. L'accusée est-elle une malade mentale ? la réponse est : "oui".

— C'est étonnant, le nombre de psychologues que nous révèle ce procès ! s'insurge le procureur. Avocats, médecins, journalistes se sont autorisés à prendre la chaire de psychologie et à donner leur explication, allant jusqu'à développer une théorie de l'âme slave. La psychologie est une science jeune qui a acquis une très grande place, mais elle n'est pas faite pour les cours d'assises. Je ne retiendrai qu'une phrase du professeur Morselli : *Cette femme a tiré son plaisir de la mort*, j'ajouterai celle-ci : elle a conduit le malheureux Paul Kamarowsky à la mort !

— Maître Gotti, intervient le juge. C'est peut-être le moment de défendre votre cliente ?

— Je me contenterai de citer la loi selon laquelle l'infirmité de l'esprit n'est pas seulement la folie, mais la faiblesse de l'équilibre psychique. Madame Tarnowska est une personne malade, qui n'avait pas la pleine responsabilité de ses actes.

— Monsieur le procureur, rien à ajouter ?

— Si, j'aimerais m'adresser à la première intéressée. Madame Tarnowska, levez-vous. Oublions, vous et moi, un instant ces psycho-patho-blablabla, ces experts en tout et en rien, et dites-moi : selon vous, les drogues, ces événements "douloureux", sont-ils la cause de vos déviances ? Vous ont-ils fait perdre la tête… ? Ou, comme je le crois, avez-vous, en toute indépendance, recherché ce type de rapports sexuels, aimé leur violence ?… La violence ?

— Je ne sais pas.

— Essayez ! Et puis, ne pleurez pas. Vous avez laissé un homme vous photographier sous tous les angles, et là, devant nous, vous murmurez et refusez de soulever le voile de votre chapeau… Ça ne prend pas. »

Elle ne l'écoute plus.

Elle se souvient qu'elle aimait que Donat la trouve belle, elle qui n'avait pas des traits fins, elle dont Vassili disait qu'elle inspirait l'ennui.

Elle se souvient de leur rire imprégné d'alcool, du palais engourdi par la cocaïne, du sentiment de se livrer à lui au travers de ces photos, identique à une relique. La morphine rendait son corps semblable à celui d'une poupée que l'on place tantôt sur un fauteuil, tantôt allongée sur un lit. Donat tirait ses cuisses dans un sens, les écartait, la pénétrait. Qu'y a-t-il là de laid ? *C'est vous tous qui êtes laids. Vous qui vous emparez d'images que je ne vous ai pas offertes. Vous vous délectez par procuration pour, ensuite, me reprocher le malaise que cette vision vous provoque. Votre laideur n'est pas le plaisir que vous y prenez, mais votre volonté de me voir pleurer. D'en conclure que je suis le mal, de lire dans mes larmes un aveu, et non la réponse silencieuse à votre violence.*

« Pouvez-vous nous faire la grâce de relever votre voile pour nous répondre, chère madame ? insiste le procureur.

— Non.

— Votre soudaine pudeur est un mystère. »

Maria allonge sur le lit ce corps qui n'est plus le sien. Couvert de bleus. Plein de leurs mains, de leurs mots qui l'ont travaillée toute la journée durant. Sœur Modestina ne sait rien de l'audience, mais se fie à son instinct. Elle dépose sur la table une bassine d'eau chaude et savonneuse, puis murmure à l'oreille de Maria, comme un secret douloureux : « Ma petite, votre père est là. » Le chagrin redouble. Si son père a appris ce qui s'est dit à l'audience, alors elle l'a perdu ; pas seulement son amour, son respect, mais aussi ce fil de bonheur lui restant de l'enfance. Elle repousse cette pensée en allant s'inonder le visage d'eau chaude, puis retourne s'assoir sur le lit.

Quand son père entre, ses pas hésitent, comme s'il n'y voyait plus. Il s'assoit sur la chaise placée devant la table transformée en coiffeuse. Il saisit un flacon de parfum vide, le fait tourner sur lui-même et le repose. Ses gestes n'ont pas de sens. Il sort son mouchoir et essuie l'eau échappée de la bassine, jusqu'à effacer la moindre goutte. À aucun moment il ne relève les yeux ni ne lui parle. Et tout se creuse, s'amplifie : le silence, la distance. Elle reste immobile, les mains sur les genoux. *Je n'ai pas honte, papa, de ce que j'ai vécu, mais peur du mal que cela te fait.* Cette phrase-là, elle ne la lui dit pas. Il ne s'agit pas d'échanger, mais de réparer, sans savoir comment. De combler la brèche et, bientôt, le gouffre qui, à mesure des minutes qui passent, se creuse, les abîme.

Les épaules du vieil homme, alourdies par son costume d'officier, tremblent. Des sanglots étouffés. Voilà : il sait, se dit Maria. Il a compris les allusions, les images crues, les rires entendus et les regards en coin. Le père a appris que sa petite Mura était objet de désir et d'aversion, et donc il baisse la tête. Jusqu'ici, il s'était tenu à l'écart des ragots, des articles dans la presse, dînant seul, marchant seul dans les rues de Venise, se contentant de faire des allers-retours de sa chambre d'hôtel au tribunal, du tribunal à la prison. Comme d'habitude, en cette fin de journée, un crieur alpaguait les passants place Saint-Marc pour vendre la dernière édition du soir, titrée « Audience noire ». Il avait croisé un ami de Kiev, qui avait insisté pour lui offrir un verre au café Florian. Plus bête que les autres, animé par cette effervescence malsaine et banale, il lui avait traduit les articles de l'italien au russe, évoquant les photos, les postures, oubliant qu'on y parlait de sa Mura, de son trésor, de la petite aux longues nattes qui aimait faire de la balançoire et craignait l'obscurité de la forêt. Son père n'avait pas su quoi répondre et avait écouté. Les mains serrant son verre sans sourciller. Il avait appris les frasques, les photos, les drogues, les amants… se demandant qui était cette femme dépeinte par les journaux comme une sorcière. Qui était sa fille, l'était-elle toujours ? Il franchit la porte du Florian et pour la première fois depuis le début des audiences, pleura. Mais pas de honte, non. En mesurant la fosse dans laquelle Maria se débattait et depuis longtemps, il pleura, car, pour son enfant, il n'avait pas été là.

Maria ferme maintenant les yeux. Le dernier fil vient de se briser. Elle dérive. Chahutée par les vagues, repoussée par le vent. S'emplissant. Elle n'a plus de sol sur lequel marcher, plus de main à laquelle s'accrocher. Ils ont tout tué.

Son père finit par se relever, courbé, ne sachant plus comment donner, et à qui. Il s'avance vers Maria et caresse son visage en tremblant, tout en faisant non de la tête.

« Ne t'inquiète pas, va. Quoi qu'il advienne, je m'occuperai de Tioka.

— Et de moi ?

— De toi ? J'aurais dû le faire bien avant. »

Elle ne trouve le courage de retenir sa main qu'une fois qu'il est reparti.

À trois heures du matin, cette nuit-là, sœur Modestina tambourine à la porte du gardien pour utiliser le téléphone. Seulement, celui-ci fait la sourde oreille. Ou dort. Qui sait ce qu'il fabrique, il ne répond pas. « Ouvre, c'est pour Maria Tarnowska, ouvre ! » Il la laisse frapper pendant plusieurs minutes. C'est qu'il a besoin de temps. Pour remonter son pantalon. Pour reboutonner sa veste. Le temps nécessaire aussi à Angela, la détenue, de s'essuyer la bouche. Quand il ouvre enfin, il n'en mène pas large. Avec le naturel forcé d'un voleur pris la main dans le sac, il la questionne :

« Qu'est-ce qui vous arrive, ma sœur ?

— Oh, toi ! le pointe-t-elle du doigt, paniquée. Tu ne perds rien pour attendre… mais là, maintenant, j'ai besoin que tu appelles en urgence le directeur de la prison.

— Bien, bien, mais pour lui dire quoi ?

— Tu me le passeras.

— Pas sans savoir ce que vous allez lui dire, bégaie-t-il, jetant un œil inquiet à Angela.

— Imbécile, crapule. Il ne s'agit pas de tes cochonneries, mais de ma petite Maria. Appelle donc !

— … Désolé, il ne répond pas.

— Appelle le médecin de garde, alors, dépêche-toi.

— … Ah… Pas de chance, il ne répond pas non plus. Je fais quoi ? »

Sœur Modestina tourne sur elle-même, pense à haute voix :

« Il faut que j'aille le chercher… chez lui… Seulement, Maria, si je la laisse… On perd trop de temps, trop de temps…

— Dites-moi ce qu'il faut que je fasse, ma sœur, demande avec gravité Angela.

— Oh, ma petite Angela, il faudrait la faire vomir, je ne sais pas, la tenir éveillée, qu'elle boive de l'eau. Parle-lui.

— Je m'en occupe, ma sœur. Allez chercher le médecin. Je m'en occupe, je vous dis. Et toi, empoté, viens m'ouvrir la porte de sa cellule. »

Frustrée de ne pas avoir assisté à l'audience à huis clos de la veille, la foule est plus dense, plus survoltée que jamais, Campo Bella Vienna. Aux abords du tribunal, on ne fait plus la queue, on s'entasse, on râle et on beugle, tel un troupeau éreinté par des heures passées debout, bêtement, à ne rien faire. Ceux qui tentent de forcer le passage en doublant prennent le risque d'être arrêtés par un croche-pied ou de recevoir un coup de canne sur la tête. L'impatience a fait voler en éclats le peu de civilité des premiers jours. La violence transpire sur les visages, par les bouches qui insultent un voisin trop collant, par les mains qui se baladent ou se lèvent, prêtes à frapper celui ou celle qui les bouscule pour la énième fois. Cet invraisemblable rassemblement est une poudrière sur le point d'exploser. Elle s'étend le long des quais donnant sur la lagune. Là, on guette derrière un binocle, des jumelles, en plissant les yeux, l'arrivée de la gondole noire qui, depuis des semaines, transporte la Tarnowska de la Giudecca au tribunal, à heure fixe. Alors qu'une gondole capotée approche du quai, ressemblant trait pour trait à celle de la Russe, une rumeur gronde et bientôt menace. Sur son passage, des cris vomissent toute la haine qu'ils ont de cette femme. Non pour le crime qu'elle est accusée d'avoir commis, pas même en raison de son étrange beauté qui dérange les femmes et détraque les hommes, mais par pur désir de haïr. Un désir nourri par la presse, protégé par la morale, encouragé par la justice. Ainsi sont-ils plusieurs à se battre pour grimper sur la gondole qui vient d'accoster, marchant en équilibre jusqu'à une femme tout habillée de noir qu'ils prennent par erreur pour Maria. Ils l'attrapent par la manche, soulèvent son voile. La femme protège son visage en croisant les bras, voilà qu'on la gifle et lui arrache des cheveux. Alertés par les gardiens, des pompiers encerclent l'attroupement, mettent leur lance en marche pour disperser les curieux. Les chapeaux, les parapluies voltigent sous leurs jets d'eau. Une mère panique et crie contre les pompiers, de peur que son enfant trébuche et tombe dans la lagune, quand, il y a quelques minutes encore, elle le tirait par le bras pour assister au spectacle.

Dans la salle d'assises, les deux derniers bancs ont été enlevés pour laisser place au public. Le juge Angelo Fusinato ne semble ni l'entendre ni le voir, absorbé par le courrier que vient de lui remettre un garde arrivé tout droit de la Giudecca. Il est signé par la mère supérieure. En l'absence du directeur de la prison, elle a pris la liberté de le prévenir : *Monsieur le juge, dans la nuit du 4 au 5 avril 1910, Maria Tarnowska, détenue à la Giudecca, a été retrouvée inconsciente dans sa cellule après s'être injecté une dose massive de laudanum…*

Fusinato balaie la salle d'un regard écœuré, il s'arrête sur le procureur, puis sur l'avocat de Maria, maître Gotti, leur faisant signe de s'approcher.

« Messieurs, lisez ce courrier. Je propose d'ajourner l'audience.

— Ah non ! s'exclame le procureur. Pas vous ! Vous n'allez pas à votre tour vous laisser manipuler par cette femme. Qu'elle vienne !

— Enfin, monsieur le procureur, s'oppose le jeune avocat, nous n'allons pas l'amener sur une civière, réfléchissez… De quoi auriez-vous l'air en plaidant… elle à terre, vous debout ?

— J'exige qu'on envoie un médecin pour l'ausculter afin d'en décider, insiste le procureur.

— Bien, se résout le juge. Nous remettrons, une fois de plus, cette jeune femme aux mains de la science. Et quelle science…

— Ce n'est pas le moment de s'attendrir, sourit le procureur.

— Ni celui de s'acharner. »

Sur ordre du juge, les jurés se retirent. Élise, Prilukoff et Naumoff sont conduits chacun dans l'une des antichambres jouxtant la salle d'assises. Le public est prévenu. Les gardes invitent ceux qui le souhaitent à sortir, pour revenir plus tard. Mais pas un ne bouge. Tous s'accrochent à leur banc, de peur de ne pouvoir récupérer leur place.

L'horloge sonne onze, puis douze heures. La salle s'enfume des cigares et des pipes qu'on ose allumer. On se refile d'épaisses rondelles de salami qu'on plaque entre deux tranches de pain, se hâtant de les avaler, craignant que le procès ne reprenne et que la faim reste. L'odeur de graillon se mêle aux vapeurs de mauvais vins qui circulent, de main en main. En à peine une heure, le sol est jonché de papier journal huileux, de cendres et de bouteilles vides. La voisine timide se décoince, discute volontiers de l'affaire et, sans rechigner, boit une bonne gorgée de la bouteille qu'un inconnu lui tend. Les rires décuplés par l'ivresse, certaines femmes dégrafent un peu leur corsage, s'aident de leur éventail pour rafraîchir leur peau moite. Les corps se relâchent et les langues se délient. Il ne leur faut pas longtemps pour apprendre d'un des gardes que la Russe, *la salope*, est soi-disant *souffrante, mourante peut-être*. La nouvelle circule de bouches pleines en sourires surpris. La Tarnowska aurait tenté de se suicider. « Comment ? » s'esclaffe une gamine. Et voilà qu'on lance les paris. Dix contre un qu'elle claque ; trois contre cinq qu'elle s'en sort. Ce ne sont plus les blagues qui circulent maintenant à propos de Maria, mais les billets de lires. Un commerçant les tire de sa veste, une putain de ses bas, sous l'œil attentif de quelques journalistes ravis d'avoir de nouvelles anecdotes à se mettre sous la dent. Il ne s'agit plus de guetter le retour du juge, des avocats et des jurés pour reprendre l'audience, mais bien de savoir qui, au final, aura perdu son pari ou doublé sa mise.

Chacun est occupé à compter, les heures comme les lires, et personne ne voit entrer par la porte arrière du tribunal le médecin de la prison. Pas plus qu'on ne remarque qu'il monte à l'étage, accompagné d'un garde. Il n'a pas mangé. N'a pas pris le temps de boire. Épuisé, il accepte de s'asseoir sur le siège que lui désigne le juge. Avec des mots simples et graves, il raconte que :

« … la détenue, Maria Tarnowska, était toute recroquevillée sur son lit. Les yeux fixés sur le mur de sa cellule où sont accrochées des photos. Et puis, il y avait cette autre prisonnière qui lui tenait la main.

— Sait-on qui lui a procuré du laudanum ?

— Oh non, monsieur. Et sœur Modestina était si paniquée que je n'ai pas osé l'interroger.

— Selon vous, c'est un accident ou… un geste désespéré ?

— Ça, je ne saurais vous dire. Mais la dame s'est tournée vers moi, m'a parlé en russe. Je crois bien qu'elle m'a appelé "papa"… Oui, je suis presque sûr qu'elle me prenait pour son père… Je ne saurais pas l'expliquer… Son regard, peut-être. Pardon, cela ne répond pas à votre question.

— Si, si, sourit de tristesse le juge. Cela suffit, merci. Faites-moi un certificat, sans entrer dans les détails. Sortez par la porte de derrière. Et, s'il vous plaît, ne parlez pas aux journalistes. Laissons-lui un peu de répit. »

Le médecin parti, le juge s'allume une cigarette, en tire quelques bouffées et l'écrase. Il attrape sa toge sur le portemanteau. Évitant son reflet dans la glace, il coiffe sa toque. Le visage fermé, il descend l'escalier conduisant à la salle d'assises, donne l'ordre au carabiniere d'avertir les avocats, les jurés. Lorsqu'il s'assoit, son silence invite le public à se taire : « La séance est ajournée. Quittez tous la salle, immédiatement. » En refermant son dossier, dans lequel il vient de glisser le mot de sœur Modestina ainsi que le certificat du médecin, il clôt brièvement les yeux. Un journaliste l'observe et note tout de ce visage sur lequel passent tour à tour l'accablement et le mépris. De la fatigue semblant affaiblir ses mains lorsqu'il remet le dossier à son adjoint. Du capharnaüm traversant la salle qui se vide. Alors que maître Gotti, l'avocat de Maria, remonte à son tour le couloir jusqu'à la sortie, le journaliste lui barre la route en souriant.

« Maître, comment se porte votre cliente ?

— Foutez-moi le camp.

— Allez, rien qu'un mot pour *La Stampa* de Turin. Cela ne coûte rien !

— Cela ne coûte rien ! Vraiment ? Vous avez présenté la Tarnowska en Lucrèce Borgia, vous l'avez dépeinte en danseuse macabre et lascive, n'avez jamais pensé que les jurés, le juge et sa famille, aussi bons, aussi honnêtes soient-ils, allaient inconsciemment raisonner à partir de vos conneries ? J'ai la plus grande admiration pour la mission de la presse, mais j'ai toujours pensé que ces moteurs de la civilisation sont parfois dévorés par l'inconscience. Vous êtes comme les automobilistes qui se déchaînent et écrasent les passants non par vice, mais par envie de gagner la course !

— Vous ne voulez pas me répondre ?

— Mais je viens de le faire. »

Le professeur Weiss attend devant la porte de la cellule sans oser entrer. Sa veste lui pèse, la tête lui tourne ; il se sent vieux. Depuis la veille, il a l'impression d'avoir participé à un complot, un assassinat, celui d'une femme. Comment pousser plus loin l'expertise maintenant que le procureur a utilisé ses notes contre Maria ? Comment l'amener à se confier, lorsque son corps a été disséqué, ses pratiques détaillées, en partie par sa faute ?

Sœur Modestina le regarde gentiment, elle lit en lui. Il baisse les yeux. « C'est bon, mon petit gars ? » Elle introduit la clé dans la serrure, passe la tête : « Ma belle, c'est le professeur. »

La silhouette de Maria se découpe à contre-jour devant la fenêtre. Elle est restée en chemise de nuit. Le voile de coton ondule sous la clarté du matin. Sa main tient une cigarette qu'elle tapote du doigt entre les barreaux, jusqu'à ce que la cendre s'en détache, tombe dans le vide. Elle ne vient pas à lui, pas plus qu'elle ne se retourne. N'osant ni avancer ni reculer, il finit par s'asseoir sur la chaise, dépose sa serviette de cuir sur le sol, sans l'ouvrir. Ils sont deux à être pris au piège de leurs émotions. Celles-ci se rejoignent et remontent ensemble le temps : la cour d'assises, lorsque les yeux des jurés se sont divertis de son corps.

« Avez-vous vu les photos ?

— Non, non, se défend-il.

— *Cette femme a tiré son plaisir de la mort.* Vos mots sont bien plus violents que ces photos. Vous êtes des loups. Une meute de loups. Leur bave… »

Maria jette sa cigarette, puis, inexplicablement, va tirer sa grande malle jusqu'à la lumière du jour. L'image de cette femme, en chemise de nuit, les cheveux nattés, cherchant dans un fatras de tissus, de livres et de bibelots, ses lambeaux de vie, le bouleverse. Cette vision raconte deux histoires. Celle que Maria voulait vivre : éblouissante et libre. Celle qui, à l'instant, est la sienne : abîmée et salie. Peinant à sauver les apparences.

Maria extrait de la malle un paquet de lettres, de billets et de télégrammes. Alors qu'elle dénoue le ruban les retenant, ils lui échappent des mains, jonchant les dalles. À genoux, elle se met à trier ces papiers comme autant d'émotions pour n'en choisir qu'un, qu'elle lui tend :

« Tenez.

— Mais je ne lis pas le russe.

— C'est un billet que Donat m'a écrit.

— Où voulez-vous en venir ? »

Elle hausse les épaules, rejoint son lit. Tout en se remplissant une seringue de morphine, tout en retroussant la manche de sa chemise pour y planter l'aiguille, elle parle, très exactement comme si elle évoquait un songe, rattrapant les images avant qu'elles ne s'effacent :

« Le procureur a parlé de rapports sexuels violents. Ce n'était pas le sexe qui était violent, avec Donat, mais sa volonté de me détruire. Bien sûr, cette facette de mon histoire n'intéresse personne.

— Mais si. Que vous a-t-il écrit sur ce billet ?

*J'ai un grand désir de t'abîmer le visage avec des ciseaux et de t'étrangler.*

— C'est pour cela que vous avez fini par fuir à Venise ?

— Non, vous ne comprenez toujours pas... Moi, je ne compte pas.

— Explique-moi, alors, Maria...

— Tiens, on se tutoie ? Allons, restez à votre place, et moi à la mienne. Non, nous avons quitté Paris pour protéger Tioka.

C'étaient de ces journées où je me sentais bien. Élise et moi avions fait des courses au grand magasin du boulevard Haussmann tout l'après-midi. Elle était drôle avec son nouveau chapeau... elle n'avait pas son pareil pour négocier avec les vendeurs, je crois même que, dans son français, elle leur faisait du gringue. Tioka était resté à l'hôtel avec son instituteur. La veille, Donat, dans un de ses élans de jalousie ridicule, m'avait ordonné de le renvoyer. Je n'en ai pas tenu compte. Le jeune homme est venu, comme prévu. Il était joli garçon, sans doute d'une bonne famille, la chemise toujours propre, un regard bleu et doux. Un peu comme le vôtre. Un peu comme le tien…

À notre retour, Tioka n'était ni dans la grande salle ni dans sa chambre. Pas de trace de l'instituteur non plus. Les clients de l'hôtel passaient déjà à table pour le dîner. À dix heures, ni mon fils ni Donat n'étaient rentrés. À chaque fois que le cartel de la cheminée sonnait, je sursautais. La peur que les parents de Vassili me l'aient enlevé… Ah, cette peur… elle a volé ma vie. Je n'ai, ce soir-là, pris ni drogue ni alcool, otage des minutes et des heures, interminables. La nuit tombait.

Ils rentrèrent tous les deux vers minuit. Donat l'avait fait boire et emmené je ne sais où.

Sitôt Tioka couché, j'ai hurlé sur Donat, imaginant qu'il ignorait dans quelle torpeur il m'avait plongée. Mais il savait très bien ce qu'il avait fait. Il m'avertit : "La prochaine fois que tu me désobéiras, tu ne reverras pas ton fils." Là, oui, je me suis dit qu'il fallait partir.

Je suis allée dormir dans la chambre d'Élise, avec Tioka sur le canapé. À l'aube, j'ai télégraphié à Paul Kamarowsky, qui m'avait si souvent invitée à le rejoindre, que nous venions à Venise. Il fallait que je me débarrasse de Donat, le temps de plier bagage. Seulement, il vint tambouriner à la porte, la frappa du pied, comme s'il s'agissait de mon ventre. Élise et Tioka ne faisaient pas un bruit, calfeutrés dans la chambre. Sans ouvrir, j'ai dit à Donat que j'avais besoin de ma morphine pour me calmer. Bien entendu, il m'a crue. Il est allé m'en acheter. Nous avons guetté son départ depuis la fenêtre donnant sur les Tuileries. Dès qu'il a traversé la rue, nous avons emballé autant d'affaires que ma malle pouvait en contenir avant de sauter dans un fiacre pour la gare de Lyon.

À Venise, Paul nous attendait sur le quai. Il tenait son fils Grania par la main, souriait. Du même sourire que lorsqu'il était à genoux devant le cercueil de sa femme. Ça m'a plu. Qu'une femme soit vivante ou morte, il aimait *au-delà*.

— Et vous l'avez fait tuer… »

# PAUL

Encore un hôtel, un autre homme, d'autres parfums. Fatigue des mots doux, du vide dans lequel ils se noient. Du temps qui filait, tout en semblant faire du surplace. Toujours pas de Tatiana. Et Paul qui la couvrait d'un regard tendre, s'imaginant… Mais la lagune était belle, claire. Un bleu glacé. Une brume irréelle dans laquelle leur gondole s'enfonçait en silence. Laiteuse, quand ils tournèrent dans un canal étroit jusqu'à la petite entrée de l'hôtel Danieli.

« Maria, reposez-vous un peu. Je passerai vous prendre à dix-neuf heures. Nous allons essayer de vous redonner le sourire. »

N'importe qui aurait savouré l'élégance tranquille du restaurant où il l'avait emmenée. La terrasse surplombant le Grand Canal de Venise. Les effluves citronnés des herbes se mêlant à la fraîcheur de l'air. Les pétales orangés, feuillages opaques des rosiers se tordant sous les derniers rayons. Maria voyait cette beauté, mais n'en était que spectatrice. Elle l'observait, de loin, en fantôme. Paul passait entre les tables, saluait les clients, tapait sur l'épaule des serveurs, avec l'enthousiasme de l'exilé considérant toute connaissance comme un nouveau membre de sa famille. En lui montrant le menu, il tenta de lui apprendre à prononcer le nom des plats, chercha à lui donner envie. Il lui expliqua, volubile, les coutumes locales : noyer les légumes sous des litres d'huile d'olive ; saler les poissons de câpres. Il ne s'inquiétait de rien, se réjouissait de tout. Un monde les séparait, il passait de l'ancien au nouveau avec aisance. Elle ne se sentait à sa place nulle part. Son silence n'était pas une coquetterie, juste un renoncement à habiter l'instant.

Vint le moment où il aborda la question banale de fin de repas : les enfants. Leurs fils avaient « le même âge », disait-il. Le sien, Grania, était sa « joie… Quand Emilia est morte, il m'a maintenu dans la vie. Par de petites choses toutes simples. De longues balades. Des rires inattendus. Le déménagement à Venise a été pour beaucoup dans la guérison de notre chagrin. » Il lui parlait de lui, pour lui parler d'elle. Inévitablement, il demanda des nouvelles de Tatiana. Maria s'alluma une cigarette, se resservit du vin, mit à distance ses émotions par une inclinaison de la tête vers le ciel, le peu d'étoiles, un mouvement d'éventail. Paul changea de ton, plus sérieux :

« Quel âge a Tatiana, aujourd'hui ?

— Quatre ans. Bientôt cinq.

— À deux pas d'ici, il y a une très bonne école pour jeunes filles, l'institut San Giuseppe. Un coup de fil à la mère supérieure, et je lui trouve une place.

— S'il vous plaît, ne parlons pas d'elle.

— Maria, vous êtes restée silencieuse pendant toute la soirée. Vous avez patiemment écouté d'une oreille distraite mes histoires sans y trouver aucun intérêt.

— Non, ce n'est pas vrai.

— Mais si. Votre visage ne s'est animé qu'à un moment : lorsque j'ai évoqué Tatiana…

— Pardon.

— Ne vous excusez pas. Maria, vous n'avez pas traversé l'Europe pour m'entendre vanter les bienfaits, pourtant nombreux, de la cuisine italienne. J'ignore tout de la guerre que vous menez et contre qui. Mais, peut-être est-il temps de ne pas la mener seule.

— … Nos deux petits anges doivent être bien fatigués à l'heure qu'il est. Mieux vaut rentrer.

— Comme vous voudrez. »

Parfois, le corps pressent le malheur, par instinct, il hésite. Pour traverser le hall de l'hôtel Danieli jusqu'à l'imposant escalier de marbre, Maria se rapprocha de Paul, posa sa main sur son épaule. Des serveurs débarrassaient les dernières tables de la grande salle à manger dans un cliquetis de couverts. Au bar, un groupe d'hommes tirait sur des cigares, sans prêter attention au pianiste s'essayant à des airs napolitains. Sur l'un des canapés, une femme tout en dentelle noire piquait du nez sur son éventail. C'est alors qu'elle le vit, enfoncé dans un siège. Donat les fusillait du regard.

Paul s'arrêta devant les marches : « Demain, au café Florian ? *Sogni d'oro*, mon amie. »

Elle acquiesça et monta l'escalier sans se retourner, la peur au ventre. Dieu merci, Élise et Tioka étaient à l'abri, ils occupaient une autre suite que la sienne. Elle s'y prit à deux fois pour tourner la clé, se concentra pour pousser le loquet, puis, avant de reprendre son souffle, inspecta sa chambre : le bois sombre de la commode, le vide noir des fenêtres, tout était calme et pourtant menaçant.

« Ouvre, Maria. Ouvre, mariochka, s'il te plaît. »

Donat larmoyait derrière la porte. La salissait de sa douceur. Il s'humiliait. Cela aussi, il lui ferait payer. Elle ne répondit pas, espérant, sans y croire, qu'il se lasserait. En entendant grincer le parquet, il reprit :

« Ma petite, tu ne vas pas t'en tirer comme ça. Ouvre-moi ou je fais un scandale. Tout le monde saura à qui il a affaire.

— Fous-moi la paix.

— Tu n'es qu'une putain ! cria-t-il, si fort que des portes s'ouvrirent sur le palier. Une salope, Maria Tarnowska est une putain ! Une traînée ! M.a.r.i.a T.a.r.n.o.w.s.k.a ! » articulait-il d'une voix puissante, à la manière d'un comédien cherchant à atteindre tous les spectateurs, du premier au dernier rang.

Chaque insulte était une main serrant son poignet, une détonation dans ses tempes. Lutter n'avait plus de sens. Elle tourna la clé dans la serrure, souleva le loquet et s'éloigna de la porte. Surpris qu'elle le laisse entrer, il la jaugea, basculant entre haine et désir. Elle le chauffait avec sa petite moue hautaine, pensait-il. Oui, elle faisait exprès de l'enrager pour attiser l'envie. Il s'avança, s'imaginant que Maria pourrait s'abandonner à lui avec la flamme du début, le début de l'enfer. Mais elle recula brusquement ; sa peur était une trahison.

« Tu n'es qu'une putain.

— Retourne à Moscou, va retrouver ta femme, tes enfants.

— Pas avant que tu m'aies remboursé tout l'argent que tu m'as soutiré.

— Je n'ai pas cet argent.

— Demande à ton comte !

— Si je le lui demande, tu sais bien ce que je lui donnerai en échange… »

Il lui assena un coup qui la fit basculer au sol. Maria à terre, il se précipita, honteux, furieux, essayant de fourrer sa main entre ses cuisses : « C'est à moi. Tu es à moi. » Les larmes rougissaient ses yeux, il cherchait le contact de ses lèvres, gémissait de désir, implorait sa tendresse, sa pitié, mais elle le repoussa. « Tu veux jouer à ça ? » Il souleva ses jupons et introduisit un doigt en elle, malgré ses grimaces. Quitte à ne pas lui donner de plaisir, autant la voir souffrir. Maria cessa de se débattre. Il savoura cette immobilité, ces jambes nues, les bas filés, dégrafa son pantalon. Son sexe, affaibli par la drogue, peinait à s'insérer. Une moiteur indolore. Un va-et-vient grotesque. Ce grognement de chien, ces petits cris lorsqu'il éprouva du plaisir. Son sexe se gonfla brièvement puis rétrécit tout à fait, jusqu'à se retirer, assagi.

Elle se releva, un peu tremblante, pour aller se recoiffer devant la glace, de ces gestes absurdes qui font diversion, éloignent un peu la peur. Elle ouvrit grand les fenêtres pour changer l'air. De sa malle, elle tira son coffret, s'assit devant la coiffeuse, croisa le regard de Donat dans le reflet alors qu'elle appuyait sur le piston de la seringue.

« Tu l'aimes ? demanda-t-il, calme, comme s'il venait de faire l'amour.

— Qui donc ?

— Le comte !

— Non. »

Pas tout à fait convaincu, il s'avança vers elle, prit son menton, le pressa, pour relever son visage vers lui :

« Débrouille-toi pour qu'il te remette quatre-vingt mille roubles et tu ne me reverras plus.

— Oui, oui, laisse-moi maintenant.

— Alors, cela ne te fait rien de ne plus jamais me revoir ? Mais moi, gémit-il, je ne veux pas te perdre ! »

Le geste ralenti, elle déboutonna sa robe, tira sur les rubans de son corset. Incapable de revêtir une blouse, elle se dirigea sur le lit telle une somnambule et s'y laissa tomber. Il vint, penaud, mouiller sa peau de ses larmes. Liquide tiède filant entre ses cuisses qu'elle essuya avec le drap.

« Quel porc, tous des porcs… bougonna Élise, replaçant les coussins sur le lit, avant de s'attaquer au jupon déchiré qu'elle rangea dans l'armoire. Hier soir, il me semblait bien avoir reconnu sa voix. Nom de Dieu, cet homme-là ne vous laissera donc jamais tranquilles ! Et regardez-moi dans quel état vous êtes !

— Il finira par se décourager…, souffla Maria, essayant de poudrer son visage pour cacher le bleu sur sa joue. Les fleurs sont de Prilukoff ?

— Ça, non, je les aurais jetées ! Elles viennent de monsieur Paul. Sacrément belles, ces roses blanches, je n'en ai jamais vu de pareilles. Tenez, il a joint une carte.

— Ça dit quoi ?

— *J'emmène les petits au Florian. Prenez soin de vous, je prendrai soin d'eux.*

— Tu vois : pas "tous des porcs".

— Ils le sont jamais au début, ils le deviennent dès que ça les chatouille où je pense.

— Ne dis pas de bêtise, Élise, apporte-moi une robe.

— La rouge ?

— Non, pas cette fois. »

Une inondation avait transformé la place Saint-Marc en miroir. S'y reflétait le survol des pigeons, trait d'union entre l'anthracite des nuages et l'ocre du ciel. Un cortège de femmes soulevaient du bout des doigts leurs jupons, faisaient claquer leurs talons sur les dalles humides pour se rendre à l'office de midi. Des ouvriers les sifflaient du haut de l'échafaudage ceinturant le Campanile. Depuis qu'elle était tombée en poussières, quelques années plus tôt, la tour n'était plus qu'un ossement de briques. Maria passa entre les deux colonnes donnant sur la piazzetta. Elle salua une vieille dame, accompagnée d'une fillette, de l'âge de Tatiana. Seulement, la grand-mère s'empressa de faire le signe de croix. Maria replaça sa voilette en accélérant le pas.

Le café Florian fourmillait de serveurs acrobates se faufilant avec leurs plateaux entre les clients debout pour servir ceux assis. Paul s'était installé avec les enfants dans une petite alcôve. La table en marbre, les murs turquoise, or et crème leur donnaient des airs de poupées dans une boîte de bonbons. Tioka lui sourit, du chocolat jusqu'au nez. Paul se leva en lui ouvrant grand les bras :

« Il ne manquait plus que vous ! Qu'est-ce que vous prenez ?

— Rien.

— Vous avez un drôle d'air…

— C'est rien. Mais, quand j'ai traversé la place, une femme s'est signée. Comme si elle avait croisé le diable en personne. Ça m'a glacée.

— Ah, les deux colonnes…

— Oui, c'est ça !

— Pour les Vénitiens, quiconque passe entre les colonnes s'attire le mauvais œil. Jadis, on y pendait les condamnés.

— Pendait ?

— Superstition ! Maria, les Italiens sont comme ça. Pas de chapeau sur le lit, pas de chat noir dans les rues, pas de miroir brisé… Mais parlons de choses sérieuses : savez-vous que Tioka m'a battu aux dames ? Il ne perd rien pour attendre, nous verrons s'il est aussi doué aux échecs ! Tiens, Grania, emmène notre nouvel ami via Bocca Di Pierre, achète l'un de ces échiquiers en verre de Murano que vous avez repérés ce matin. »

Tioka implora sa mère, les mains jointes, dans une mimique enfantine et joyeuse. Elle acquiesça, contenant son angoisse à l'idée qu'ils croisent Donat. Que ce dernier se faufile derrière lui comme une ombre, le convainque de le suivre. Que Grania, inconscient du danger, tarde à les alerter, que…

« Allons, Maria. C'est l'affaire de quelques minutes, sourit Paul. Ici, ni tramway, ni fiacre, ni voiture. Tout ce qu'ils risquent, c'est de nous revenir trempés de la tête aux pieds. »

Maria suivit les enfants des yeux, à travers la vitre. Son reflet se confondait avec celui des badauds, des marchands et des capes entre lesquels ils disparurent. Paul lui prit la main. Elle esquiva cette main, cette autre main cherchant à caresser sa paume ; il la rattrapa gentiment par le poignet ; elle se déroba à nouveau. Il tirait de ce petit jeu un plaisir courtois, elle n'en tirait que lassitude triste. Pourtant, Paul ne manquait pas de grâce. Elle essaya d'aimer sa gentillesse, d'admirer son intelligence, sa générosité, mais s'y contraindre revenait à entrer dans un musée un jour de pluie parce qu'on y est forcé, dans l'attente d'un soleil plus vif, d'un ciel plus bleu.

« Je vous sens triste, vous vois triste, n'avez-vous pas apprécié mes fleurs ?

— Elles sont merveilleuses. Pardon.

— Soyez telle que vous êtes. Ça me va. J'ai une idée, demain, nous allons à la Fenice. Je vous présenterai tout ce que Venise compte d'artistes. J'ai beaucoup d'amis de Kiev, vous ne serez pas dépaysée.

— S'ils me connaissent, je ne suis pas certaine que cela soit en bien.

— Je me fiche de ce que les autres pensent, disent ou imaginent. Allez, dites-moi oui. Un oui qui n'a rien d'officiel encore… »

Voilà qu'il voulait l'épouser.

Tioka et Grania débarquèrent essoufflés, les cheveux en bataille d'avoir couru, complices et heureux de leur expédition, de la traversée des ponts, des ruelles. Grania sortit d'une enveloppe une carte postale de Marie Madeleine, un petit chapelet en nacre qu'il offrit à Maria. Elle passa la main dans ses cheveux bouclés. L'enfant de Paul, oui, lui, elle pouvait l'aimer.

« Monsieur le procureur, un dernier témoin pour aujourd'hui ?

— Je souhaite entendre la mère de la victime : madame Kamarowsky. »

Une vieille femme distinguée, endeuillée, vêtue d'une robe sans dentelle, ne laissant voir aucun centimètre de peau, s'approche de la barre et s'y cramponne, en serrant son mouchoir.

« Madame Kamarowsky, quelles étaient les relations de votre petit-fils avec la comtesse ?

— Mon malheureux Grania comptait à peine huit ans à la mort de Paul. Dans les premiers jours, lui qui n'avait jamais évoqué sa maman ne parvenait pas à oublier Maria, il ne parlait que d'elle. Il disait qu'elle était très bonne. Il m'a raconté que, quand il était dans un coin de la salle, elle le regardait sans le voir, ses yeux étaient tels qu'il se sentait attiré vers elle pour l'embrasser et lui demander pardon.

— Tandis que Maria Tarnowska caressait les boucles blondes de Grania, gronde le procureur, elle méditait sur l'assassinat de son père !

— Vous n'avez produit aucune preuve ! s'oppose Gotti. Et vous oubliez que ma cliente n'est pas la seule accusée. Ils sont quatre.

— Oui, je sais compter, je vous remercie. Trois désaxés, manipulés par votre cliente pour les pousser, tels des pions sur un échiquier, à participer au complot. Quatre malades que le destin a fait se croiser, décuplant leur folie, les tirant vers le pire d'eux-mêmes. Prilukoff, jaloux d'un rival à en crever... Élise, plus fidèle qu'un chien envers sa maîtresse. Et enfin, Nicolas Naumoff, fragile comme du verre, malléable comme une poupée, à qui Maria Tarnowska a fait porter le poids du crime. C'est lui qui a tiré les coups de feu, mais c'est elle qui guidait sa main. Regardez-le, bon sang ! Son corps en tremble encore ! »

## NICOLAS

La rame du gondolier plongeait dans la lagune dans des mouvements amples et sereins. Une et même note, répétée à l'infini, marquant le temps, redessinant l'espace, en halos. Paul la couvrait d'un sourire tranquille. Son jeune ami, Nicolas Naumoff, la fixait à la dérobée. Quand ils passaient sous un pont, il profitait de l'ombre portée pour la dévisager. Maria feignait de ne pas s'en apercevoir, se retenant de le regarder en retour. Avec ses yeux bleus de môme, sa peau piquée de taches de rousseur, son chapeau de feutre trop neuf pour être élégant, il ressemblait à Stefan.

« Maria, sais-tu que Nicolas vient de traduire en russe *Les Fleurs du Mal* de Baudelaire ?

— Je connais bien. Un très cher ami me les avait lues. Avez-vous votre traduction sur vous ?

— En quelque sorte, répondit Nicolas, fuyant.

— Comment ça, "en quelque sorte" ? insista-t-elle avec une dureté à peine perceptible qui le déstabilisa davantage.

— Je l'ai apprise par cœur.

— J'écoute.

*À la pâle clarté des lampes languissantes,*
*Sur de profonds coussins tout imprégnés d'odeur,*
*Hippolyte rêvait aux caresses puissantes*
*Qui levaient le rideau de sa jeune candeur.*

*Elle cherchait d'un œil troublé par la tempête*
*De sa naïveté le ciel déjà lointain,*
*Ainsi qu'un voyageur qui retourne la tête*
*Vers les horizons bleus dépassés le matin…*

— Quelle suavité, ces Français ! releva Paul, sans mesurer la tension naissante entre Maria et Nicolas.

— C'est plus que ça, ajouta Nicolas, baissant la tête en rougissant. Beaucoup plus. Baudelaire inverse les rôles, les désirs. La femme, plus âgée, a le pouvoir. Et vous, Maria, que lisez-vous en ce moment ?

— *Trois essais sur la théorie sexuelle* de Sigmund Freud. Un ouvrage étonnant. À l'entendre, presque tout est perversion.

— Ce Freud, se lança Nicolas, fébrile, écrit-il quelque chose sur le masochisme ?

— Le quoi ? »

Nicolas jeta un coup d'œil au comte.

« Allez, Nicolas. Tu en as trop dit ou pas assez.

— Le masochisme est le plaisir que l'on tire de la domination, de la douleur… Pardon, je vous choque.

— Pas vraiment, non. Je ne sais pas si Freud en parle. Je vais regarder. Promettez-moi, en échange, de m'offrir vos *Fleurs du Mal.* »

Une fois Nicolas déposé sur les berges, Paul ne tarit pas d'éloges à son propos, racontant ses origines chevaleresques, « une lignée de militaires » ; sa famille « riche et puissante », dans laquelle il se sentait à l'étroit ; son âme « passionnée, torturée ». Une litanie de lieux communs qui auraient fait bâiller d'ennui plus d'une. Mais, au lieu de s'en lasser, Maria s'enfonça dans le soyeux des coussins, s'imaginant déjà passer des heures à écouter le jeune homme lui lire des poésies, se demandant si elle pourrait lui plaire. Cette possibilité adoucit les perspectives ; le gris était lumineux. Elle en oublia la présence de Paul, effacée d'une pensée. Ils finirent le chemin à pied pour rejoindre le Danieli. Sur le pont della Paglia, il la prit tendrement par le bras pour l'aider à surnager dans le courant continu des touristes, pareil au flot de ses paroles. Elle acquiesçait d'un hochement de tête régulier. « Quel joli nom, *le pont des Soupirs*, tout de même », dit-elle, se figurant que ce pont de marbre érigé entre deux murs, avec ses petites fenêtres carrées, identiques à deux yeux sombres, évoquait les soupirs d'amants sur le point d'être séparés. Pensant lui avoir inspiré ce soudain romantisme, Paul sourit, désolé de devoir la contredire :

« Hélas, non, Maria. Les soupirs ne sont pas ceux d'amoureux, mais des condamnés à mort qui jadis traversaient ce pont reliant le tribunal à la prison.

— Alors, ils ne voyaient plus la lumière qu'à travers ces fenêtres.

— Tu es toute pâle. Il ne faut pas que cela te bouleverse comme ça. Ce sont de vieilles histoires.

— À Venise, on ne condamne plus à mort, n'est-ce pas ?

— Quelle drôle de question ! Toi, tu as besoin que l'on te change les idées. Ce soir, à la Fenice, on joue du Brahms. Nous y retrouverons des amis, venus de Russie, cela te fera du bien. »

La symphonie numéro deux commença comme une aurore, tout doucement. Les violoncelles retenaient la nuit, tandis que les cors déployaient la lumière du jour, dans un souffle. Telle la vie se réveillant, s'étirant, encore hésitante, les instruments se répondaient, en écho, puis se rencontraient. Un duo simple et gracieux, bientôt couvert par l'eau des violons, le chant des flûtes, des hautbois. Soudain, cette communion tranquille s'emballait. Les violons volaient, s'échouaient, s'acharnaient à exister. Sa gorge se serra. Le visage de Stefan, celui de Tatiana lui revenaient dans une danse tour à tour joyeuse et macabre. En elle, un cri profond les suppliait de la laisser. Il explosait en elle, semblait déferler sur l'orchestre, qui le reprenait dans ses notes. La musique emportait dans son courant leurs visages et son cri, les y noyait, ensemble. À la fin du mouvement, ses mains relâchèrent la tension sur son éventail ; le cœur vide.

Les dernières notes encore en apesanteur dans la salle, les spectateurs quittèrent leurs sièges pour se jeter dans les couloirs et rejoindre le perron. Pour eux, le vrai spectacle commençait là, dehors. Les femmes, en boa et chinchilla, pouvaient enfin jouer avec les différents drapés de leur toilette sur la place faisant face au théâtre, en marchant, doucement. Les unes tenaient serrées contre elles leurs petites bourses serties de perles ; d'autres se tournaient, se retournaient pour saluer un ami, se cambrant dans des sourires un peu las. On s'aimait dans les yeux des autres, on collectionnait les sourires, tout en méditant un bon mot, multipliant ainsi les chances d'être remarqué. Une chorégraphie étrange, une ronde, presque, permettant aux groupes de se former selon leur origine, les plus ambitieux s'essayant à plusieurs cercles, les plus nobles restant toujours un peu à l'écart, sans jamais accorder un regard aux autres. Il n'y avait bien que Paul à papillonner sans calcul, jetant ici, à la volée, un compliment, là une anecdote, cherchant à faire rire, quand tous ne voulaient qu'être vus. Comme d'habitude, personne n'évoquait la musique et encore moins Brahms. Tous aspiraient à échauffer la conversation d'une actualité plus piquante, à même de ranimer les spectateurs qui pendant le concert s'étaient endormis, ou de réveiller ceux qui s'y étaient ennuyés.

« Un vrai scandale ce "bordel d'Avignon", pesta l'un de ces Russes exilés, anoblis par magie une fois passé la frontière.

— Vous exagérez, Mikael, s'amusa Paul. Les artistes ont toujours aimé peindre les lieux de débauche. Prenez Degas, Lautrec…

— Ah, mais là, c'est tout à fait différent. Ce Picasso défigure les femmes.

— Comme vous y allez ! s'invita à la conversation un jeune séminariste, encore imberbe, faisant tout son possible pour paraître vieux. Picasso réinvente la vision !

— Non, non, mon petit. Dans son tableau, le visage des putains se tord de douleur. Leur attitude est mécanique, sans vie. Je vais vous dire ce que je pense : son "bordel d'Avignon" préfigure ce que va devenir notre siècle : un vrai cauchemar.

— C'est drôle, vous citez mot pour mot un article paru pas plus tard qu'hier, le tacla l'adolescent, tirant fougueusement sur sa pipe.

— Mais pas du tout, pas du tout ! se défendit l'homme, relevant le menton pour se grandir de quelques centimètres.

— Vous êtes donc de ces chanceux ayant visité l'atelier de l'artiste ?

— Non, mais la description que j'en ai lue, ici et là, me suffit amplement.

— Vous jugez d'une toile sans même l'avoir vue, c'est extraordinaire !

— Allons, allons, Mikael, intervint l'épouse, le cou saucissonné de perles. Nous sommes ici sur l'une des plus belles places du monde, après un concert sublime…

— Ne racontez pas de sottise, la coupa l'homme, s'en prenant à sa femme à défaut d'affronter le jeune séminariste. Ce concert fut d'un sérieux désespérant.

— Vous n'avez pas aimé ? souffla Maria, cherchant des yeux Paul, qui s'était éloigné.

— Chère comtesse, comme disait Casanova : "Je me rends au théâtre pour jouir de la vue d'objet charmant que j'ai un jour possédé", insista-t-il, aussi lourd de sous-entendus que sa femme l'était de bijoux. Vous êtes bien de Kiev ?

— Oui, c'est ça.

— Tarnowska… Je crois que je connais votre mari. Nous avons, ensemble, fait de belles… parties de chasse. »

Un éclair glauque passa dans ses pupilles, il pinça ses lèvres et reprit :

« Et vous, ma très chère, que pensez-vous du bordel… d'Avignon ? Que du bien… j'imagine… »

Elle détailla ses mains, sa bouche, craignant que celles-ci se soient déjà posées sur elle. Glacée par cette rencontre, elle rejoignit d'autres cercles, d'autres conversations. À chaque fois qu'un homme évoquait la vie à Kiev ou à Saint-Pétersbourg, elle se figurait que lui aussi traînait des souvenirs intimes. Que les mots insinuaient. Que les sourires sous-entendaient, lui faisaient du chantage. Elle ne répondait ni n'écoutait et regardait ailleurs. Plus on la questionnait, plus elle rentrait en elle-même, ressentant le froid alors qu'il faisait chaud, voyant poindre la nuit alors qu'il faisait encore jour. Elle finit par monter sur le premier pont venu pour y être seule, relever sa voilette, respirer. L'éclat des bleus tirant vers le gris, le balancement paisible de l'eau sur les pierres étaient si dérisoires. Le beau était une gifle, il l'isolait davantage, la rejetant comme la mer évacue sur la baie les carcasses inertes, une vague après l'autre. Elle était l'ombre. L'odeur qui dérange. Elle profita de ce que Paul lui tourne le dos pour partir. Sur le chemin de l'hôtel, les ruelles suintaient. Venise se déshabillait, pourrissait.

Passé la porte du Danieli, elle sursauta quand le concierge l'interpella de derrière son comptoir pour lui remettre un billet. Il était signé de Donat :

*J'ai su t'aimer, je saurai me venger.*

« Je ne veux voir personne. Ne plus sortir. Dormir. Tu entends, Élise ? Personne ! » Elle garda le lit plusieurs jours d'affilée. Paul n'insista pas. Il se contenta de lui envoyer des roses blanches, toujours plus belles et plus nombreuses. Les bouquets se succédèrent sur la table du salon, fleurirent, fanèrent les uns après les autres. Leurs pétales recouvraient les billets de Paul, sans qu'elle les décachette. Bien qu'en les voyant, Maria était tentée de se laisser attendrir par l'espoir d'une nouvelle vie. Un foyer pour elle, pour ses enfants.

Le jour de l'anniversaire de Tioka, elle fit donc l'effort de s'habiller, sans retrouver la satisfaction qui était la sienne de se changer. Elle se traîna jusqu'en bas, dans la grande salle à manger de l'hôtel. Paul souffla les bougies avec eux. Il ne lui fit pas la moindre réflexion, annulant ses silences par sa joie de vivre.

« Paul, j'ai un service à te demander.

— Tout ce que tu veux.

— Élise a son jour de repos. Peux-tu t'occuper de Tioka cet après-midi ?

— Bien entendu. À une condition : promets-moi de ne plus refuser mes appels et de sourire un peu.

— Affaire conclue. »

Libérée de l'obligation d'exister dans le regard de son enfant, Maria arpenta le labyrinthe des rues, les places ensoleillées, sans s'arrêter dans les cafés ni les boutiques. Elle voulait fatiguer ses pensées. Détourner le temps, ne lui astreindre aucun but. Pendant plusieurs heures, elle marcha. Juste pour s'éloigner, puis revenir sur ses pas. Place Saint-Marc, une bohémienne la harponna : « La bonne aventure, princesse ? Allez, ma belle, montre-moi ta main. » Maria lui tendit la paume.

« Je vois... je vois... deux hommes. L'un sera ta perte, l'autre, ta planche de salut ! »

Bien sûr... il s'agissait de Paul et de Donat. Ou peut-être de Nicolas ? Était-il celui qu'il fallait aimer ou fuir ? Maria rentra à l'hôtel, disséquant cette prophétie dans tous les sens, s'interrogeant sur sa portée : immédiate ou future ? Se demandant s'il était question d'hommes qu'elle connaissait déjà ou qu'elle allait rencontrer. Sa mémoire mangée par la cocaïne reformulait sans cesse la phrase, de sorte qu'elle se perdait dans les méandres des interprétations possibles. Elle regagna sa chambre, ferma les volets et s'interrogea de nouveau sur la prédiction de la bohémienne. À cinq heures, le téléphone sonna. Le concierge l'avertissait de sa voix impersonnelle qu'« encore une fois », un monsieur demandait à la voir. Elle y vit un signe :

« À quoi ressemble-t-il ? » l'interrogea Maria.

Habitué à cette question, il précisa :

« Il ne s'agit ni de monsieur le comte ni de votre avocat. Mais d'un jeune homme. Il dit vouloir vous remettre son livre.

— Nicolas... Faites-le monter. »

Maria déposa de l'eau de Cologne au musc sur ses tempes et alla se placer face à la fenêtre pour qu'en entrant, Nicolas la voie de dos, qu'il s'arrête sur ses mains qu'elle savait jolies ; qu'il s'attarde sur ses hanches, qu'elle cambra un peu. Son corps revivait, il prenait les devants.

« C'est très gentil de me recevoir.

— "Gentille" n'est pas l'adjectif qui me définit le mieux, Nicolas. Tu m'apportes ton recueil ?

— Voilà, oui... Je vois que vous avez de la cocaïne ?

— Tu en veux ?

— Je ne sais pas.

— Sers-toi. Et donne-moi ton recueil. Tu le tords si fort qu'on dirait que tu l'étrangles.

— J'ai dû vous paraître grossier lors de notre rencontre, finit-il par lâcher, tout en prenant un cachet. Quand j'ai évoqué le masochisme... c'était idiot. Je ne sais pas ce qui m'a pris.

— Pas d'hypocrisie, Nicolas. Épargnons-nous ces petites étapes ennuyeuses de platitudes courtoises pour aller à l'essentiel. À moins que tu ne sois venu jusqu'ici pour prendre le thé et échanger des banalités.

— Non, balbutia-t-il, en faisant des allers et retours de la fenêtre aux fauteuils. J'ai envie de tout vous dire, Maria.

— Commence déjà par me tutoyer, Nicolas Naumoff, et assieds-toi, tu me donnes le tournis. »

Nicolas s'alluma une cigarette, s'assit sur l'un des fauteuils, le visage en feu alors que Maria s'installait sur le lit :

« Je peux te confier un secret, Maria ?
— Vas-y, je suis un secret à moi seule.
— ... j'ai peur d'être masochiste.
— Et qu'est-ce qui te le fait croire ?
— Un souvenir m'obsède.
— Raconte.
— Je ne sais pas... d'accord, d'accord, je me lance : Enfant, ma nourrice était laide, tu vois. Elle avait de vilaines dents, un corps maigre. Mais sa peau de lait m'attirait. Et puis, elle portait un parfum de violette qu'elle piquait à ma mère. Après le bain, alors que j'étais torse nu, elle me coiffait toujours les cheveux devant la cheminée de la cuisine. Elle déposait d'abord sur mon dos un linge humide. Les premières secondes me brûlaient. Elle utilisait ensuite un peigne de fer. Si tout dans son attitude n'était que douceur, elle ne manquait jamais de m'égratigner le crâne avec les dents du peigne, sans s'en apercevoir. Je ne bougeais pas. Elle me demandait si cela me faisait mal. Plus les pointes me griffaient, plus je sentais qu'elle pouvait aller jusqu'au sang, plus une chaleur envahissait mon ventre...
— ... Le plaisir. »

Il tira sur sa cigarette en observant Maria comme un môme ne sachant à quoi s'attendre.

« Par amour, je tolérerais toutes les souffrances, tu sais ?

— Vraiment ? Par plaisir, plutôt, non ? »

Maria se leva, la tête lui tournait joliment. Quelle heure était-il ? Il restait peu de vin, quelques grammes de cocaïne, une ampoule de morphine. Tout n'était que songe, rémission.

« De la morphine, Nicolas ?

— Je fais comme ça, avec la seringue ?

— Viens à côté de moi sur le lit et laisse-moi faire. L'idée est d'anesthésier les craintes, la pudeur. Qu'elles dérivent telles une feuille à la surface de l'eau. Tu t'allonges, tu tends la main et tu attends que les doutes s'évanouissent en buée. Voilà le voyage que je te propose, Nicolas. Endormir tout, effacer le décor, excepté une petite présence au monde, une toute petite lueur qui continue de briller dans le flou. Ne plus penser. Se laisser aller. »

Elle dégrafa la manche de sa chemise pour lui injecter la morphine. Il s'allongea tout à fait. Elle approcha ensuite l'extrémité incandescente de sa cigarette de la partie la plus fine de son bras, juste avant le poignet. Et l'approcha encore. Il passait des yeux de Maria à la cigarette, le visage crispé dans un sourire béat. Elle posa le dard brûlant sur sa peau, ce qui arracha à Nicolas un cri de plaisir, puis elle l'enleva aussitôt. Les lèvres du jeune homme tremblaient. Il baisa sa main, y laissa tomber son front. Tout son corps se courbait sur sa paume, s'en remettant à elle. Cet abandon apaisa Maria, elle n'était plus victime. « Viens, mon petit prince, mon échec, viens donc là que je te blesse et que tu m'aimes. »

Paul était sur le pas de la porte, il tenait Tioka et Grania par la main. Il allait quelques jours à Vienne pour voir sa mère et emmenait les enfants avec lui. D'un sourire tendre, il se pencha sur Maria encore endormie : « Ma douce, nous t'appellerons de là-bas. Tu ne préfères pas venir avec nous et rencontrer ma mère ? » Elle fit non de la tête et referma les yeux. « Bon, bon. Je comprends, une autre fois. Dans ce cas, appelle Nicolas, il loge chez moi en ce moment. Je n'aime pas te savoir seule et je sais que tu l'aimes bien. »

Paul et les enfants partis, elle remonta le drap sur son visage ; dehors les cloches des églises carillonnaient. Deux novembre, fête des Morts. C'était de ces jours sans aube ni matin. La grisaille, le ciel bas. La brume et ses fantômes avaient raison de sa volonté. n'arrivant pas à se rendormir, elle s'alluma une cigarette, sans parvenir à dessiner les contours flous de cette journée déjà ordinaire. De ces heures si planes et banales qu'elles donnent envie d'aimer autant que de mourir, d'évaporer le temps et de ne rien en faire. Bientôt, l'ennui laissa place aux chagrins entremêlés.

Tatiana… Stefan. Des chagrins fatigués d'être sans cesse rappelés au présent, d'occuper les espaces vides. Elle décrocha le combiné du téléphone :

« La réception ? Bonjour, pouvez-vous appeler pour moi la résidence du comte Kamarowsky, place Santa Maria del Giglio ? Demandez à parler à Nicolas Naumoff. Ne me le passez pas. Dites-lui simplement de venir. »

Ils montèrent, presque par hasard, dans le vaporetto à destination de San Michele. Face à eux, des familles entières se rendaient au cimetière pour fleurir la tombe de leurs défunts. Allumer un cierge. Réciter deux *Ave Maria*. Espérer qu'il ne pleuve pas. Nicolas parlait sans arrêt pour ne rien dire. Heureux et doutant d'un bonheur si étrange.

« Pourquoi tu ne parles pas, Maria ?

— C'est bien, tu sais, le silence, au début d'une histoire. On peut y glisser ce que l'on veut.

— Tu vas allumer un cierge pour un parent ? se hasarda-t-il.

— Non, pour un amour. Il s'appelait Stefan, et tu lui ressembles. Allez, viens, nous accostons. Évitons la foule en passant par la chapelle. »

Ils n'évitèrent pas la foule. Des dizaines de badauds, leurs cabas chargés de bouquets posés à leurs pieds, occupaient les bancs de la chapelle, tête penchée, mains jointes, ruminant dans l'obscurité, tandis que leurs enfants s'amusaient, en cachette, à souffler sur les cierges qu'on venait d'allumer. Maria s'assit à l'écart, face à la statue de l'archange Michel luttant contre le diable. Nicolas la suivit. Elle lui prit la main, attendit un peu avant de la poser sur sa cuisse et de resserrer les jambes sur elle. Quand elle le griffa avec ses ongles, il la dévisagea, honteux de son excitation.

« Je t'aime, lâcha-t-il.

— Ils disent tous cela, sourit-elle en détaillant l'autel, ses marbres colorés et ses fleurs bientôt fanées.

— Qui ?

— Eux… Ils disent tous cela, prient, croient en l'invisible, se prosternent et retournent à leurs vies de péché, oubliant leurs promesses.

— Maria, moi, bégaya-t-il, je n'ai jamais aimé avant toi.

— Alors, comment sais-tu que tu aimes ?

— Je le sais, se crispa-t-il.

— Tu pourrais mourir pour moi… comme Stefan ?

— Oui.

— Tuer pour moi… comme Vassili ?

— Oui.

— Me partager avec d'autres… avec Paul ?

— Non. Ça, non !…Épouse-moi !

— Oui, c'est ça. Marions-nous… devant Dieu… le jour des Morts. Donne-moi ta gourmette. En échange, je te donne ce médaillon. Regarde, j'y glisse une mèche de mes cheveux. Voilà : nous sommes mariés.

— Tu te moques.

— Pas du tout. Je ferais n'importe quoi pour te faire sourire. Allez, maintenant, caresse-toi.

— Pas ici…

— Mais si, voyons. Dieu est amour, mon amour. »

« Qu'on apporte de l'eau à l'accusé… Calmez-vous, monsieur Naumoff, reprenez votre respiration.

— Je suis une ruine morale, monsieur le juge, bégaie Nicolas, les mains tremblant au rythme de ses mots. Pour vous, je suis un sujet d'étude, peut-être une énigme. Pour le procureur, je suis un coupable à interroger. Pour le monde, un assassin. Pour moi, une vie brisée. Je suis et serai toujours le tueur d'un ami que j'aimais.

— Vous pouvez vous rasseoir, mon petit. Monsieur le procureur, rien à ajouter avant d'entendre les experts ?

— Qu'ajouter ? Regardez-le ! Ses tics nerveux, son visage couvert de larmes : Nicolas Naumoff n'avait aucune raison de tuer le comte Paul Kamarowsky. Sa jalousie n'a été éveillée ce jour-là qu'à des fins criminelles. L'art de la séduction de la comtesse a enflammé ce jeune homme. Elle n'a pas soufflé sur le feu qui avait déjà brûlé, mais allumé la lampe.

— Merci pour la métaphore. Espérons que le professeur Cappelletti, expert psychiatre, puisse nous “éclairer”. Professeur, l’heure tourne et vous n’êtes que le premier d’une très longue liste. Dans la mesure du possible, rassemblez vos notes et résumez !

— Je vais essayer… si tant est que l’âme puisse se résumer en quelques minutes, tenir sur une seule feuille de papier. »

Le professeur s’avance à la barre, mettant dans son sourire une certaine sagesse. La veille, devant la glace, il s’est exercé :

« Naumoff conçoit l’amour avec la femme basé sur l’esclavage physique et moral. En lui, on remarque un manque de volonté qui le rendait sujet aux suggestions.

— “Suggestion” ? Professeur Cappelletti, merci d’expliciter aux jurés cette notion devenue à la mode dans les cabinets de psychiatrie… comme dans les cours d’assises.

— Je vais vous raconter une histoire. La plus curieuse que je connaisse. Je la tire d’un livre du célèbre neurologue slave Bechterew. Elle n’est pas sans lien avec la relation imbibée de mysticisme mise en place par la Tarnowska. Il y a quelques années, dans un village russe, une femme nommée Vitalia annonça la fin du monde. Comme cet événement brutal allait tuer les gens sans extrême-onction, elle déclara que, pour ne pas aller en enfer, on n’avait qu’à mourir tout de suite, après avoir expié ses péchés par le jeûne et les prières. Elle suggéra que, pour résister à la vue de la nourriture, mieux valait l’éviter en se faisant enterrer vivant. L’ascendant exercé par cette femme sur ses voisins était tel que cette suggestion d’un suicide collectif réussit. Dix-sept villageois se réunirent dans un champ et se mirent à creuser une tranchée profonde. Tous y pénétrèrent avec des cierges allumés, des icônes, une pelisse de mouton, afin d'y placer les enfants, et un berceau pour un nourrisson que sa mère avait gardé avec elle. Puis ils s'assirent en rond, entonnèrent un chant religieux, et on les mura. Le lendemain, le surlendemain, la même cérémonie lugubre se renouvela, toujours sous la direction de Vitalia. Une série de suicides provoqués par… la "suggestion".

— Professeur Cappelletti, le coupe le juge, jetant un œil à sa montre. Voulez-vous dire que Naumoff était, comme ces villageois, influençable et fou ?

— *Fou*, non, mais il en prenait le chemin. Dès l'âge de dix-huit ans, il a les caractéristiques de l'alcoolisme morbide. Et l'on sait que l'alcool élimine tout sentiment de moralité, dégage la voie au crime, éloigne les remords. Ajoutez à cela sa passion pour la comtesse…

— Et ?

— Et, oui, j'en conclus qu'il a été victime de la *suggestion* de la comtesse. Qu'il a agi en état de liberté limitée, de semi-responsabilité.

— Vous concluez donc que Maria Tarnowska peut être tenue pour coresponsable de l'assassinat ?

— Monsieur le juge, s'interpose Gotti, l'avocat de Maria, Nicolas Naumoff était victime de l'alcool. La comtesse l'était des drogues. Je ne vois pas en quoi un abus disculperait l'un et accablerait l'autre.

— Synthétisez, maître, il est presque midi et nous n'allons pas sauter le repas.

— Vous ne voulez pas sauter un repas, je ne veux pas sauter les étapes. Il existe une autre vérité, sans victime ni coupable, celle-ci. Elle n'arrange ni l'accusation ni même la défense, et échappe aussi à la science. Ces deux-là s'aimaient ! Seulement, la passion qui émeut lorsqu'elle est lue dans les pages d'un livre, l'amour et la déraison qui touchent lorsqu'ils sont incarnés sur scène sont condamnés dès lors qu'ils passent les portes d'une cour d'assises. Sur ce point, professeur Cappelletti, je vous l'accorde : l'âme ne peut se résumer en quelques minutes, tenir sur une feuille de papier.

— Pas un bout de papier… mais une lettre, si ! intervient le procureur, sortant de son dossier l'une des pièces qu'il brandit devant les jurés. J'ai sous les yeux un billet de Nicolas Naumoff destiné à Maria Tarnowska. Deux semaines avant l'assassinat, il décrit parfaitement la suggestion dont il est victime :

*Je ne peux pas vivre sans toi. Je me sens étouffer. Maria, tu m'es nécessaire comme l'air… Prends ma vie avec ces baisers.*

— Qu'est-ce que cette déclaration prouve ? s'émeut Gotti. Est-on responsable de l'amour que l'autre vous porte ? Des tourments, des joies comme des jalousies qu'on provoque chez l'autre ? En est-on responsable ou en est-on l'otage ?

— Un "otage" plutôt "libre" de ses mouvements ! le coupe à nouveau le procureur. Madame Tarnowska, levez-vous, s'il vous plaît. Dites-nous : après avoir parlé mariage avec Nicolas Naumoff, avez-vous continué à correspondre avec Donat Prilukoff ?

— Oui.

— Vous aviez une triple relation avec Prilukoff, Naumoff et le comte Kamarowsky ?

— …

— Répondez !

— Je cherchais quelqu'un qui pense toujours à moi. »

Un silence irradie la salle. Pendant un bref instant, chacun est renvoyé à cette quête banale d'amour, jamais totalement assouvie, toujours en suspens, qui investit un être, se dégrade à son contact, puis renaît, plus tard, sur un autre visage et dans d'autres bras. Vérité inaudible.

« Salope ! » crie un homme dégoupillant la tension accumulée pendant des semaines. « Salauds, oui ! » lui rétorque une putain trois rangs devant lui. « Tous des porcs ! » ajoute, excédée, une cocotte derrière sa voilette. La salle d'assises est une bouche d'égout trop pleine, régurgitant compassion, écœurement, envie de salir comme d'aimer. Une débauche collective d'émotions face au juge dépassé, tapant son pupitre du marteau pour ramener le calme. Tapant et tapant encore dans la confusion et le bruit, au rythme des souvenirs de Maria, au rythme des coups de poing de Donat sur la porte de sa chambre, au Danieli, ce soir d'août, quand elle aurait dû dire « non ».

« Ouvre, ouvre ! »

Donat entra, le visage en sueur. Sa main tira un pistolet de sa veste. Elle n'eut pas le temps de comprendre qu'il serrait sa gorge, enfonçait le calibre dans sa bouche. Le fer du canon cognait contre ses dents, griffait son palais. Elle allait vomir. Son urine chaude coula entre ses cuisses. Les battements de son cœur se confondaient avec les cris de Donat. La peur traversait ses organes, vidait la pièce de sa lumière. Tout autour d'elle, le noir, le flou la cernaient, l'étouffaient. Donat était là, penché sur elle, le flux des mots détraqué par la jalousie :

« Je vous ai vus ! Tu m'entends ? Je vous ai vus !

— Mais qui ? balbutia-t-elle.

— Avec ton poète, sourit-il, la serrant contre lui.

— Tu te fais des idées.

— Et ton comte, je me fais des idées aussi ?

— Tu sais bien, lui, c'est pour l'argent, lâcha-t-elle, disant n'importe quoi pour qu'il desserre l'étreinte.

— Menteuse ! Tes yeux mentent ! Ton corps ment ! Parfois, je me demande si tu ne t'amuses pas à me rendre jaloux. T'aimes bien, au fond, que je te bouscule un peu… Allez, je vais te faire confiance, une dernière fois : si ton comte, comme tu dis, c'est pour l'argent, alors y'a moyen de le faire cracher !

— Je ne comprends pas.

— Tu comprends très bien. Seulement, t'as besoin de moi pour aller au bout de ton plan.

— Quel plan ?

— L'argent, voyons ! Tu as pris le mien et, maintenant, tu veux le sien. Seulement, voilà, tu ne sais pas comment t'y prendre. Et je vais t'y aider.

— Tu délires.

— Pas du tout. Je te conseille de m'écouter, j'ai bien réfléchi à la question : dis à ton comte que tu as besoin de te sentir en sécurité. Fais-lui prendre une assurance-vie, à ton nom.

— Et après ?

— Allons, Maria. C'est évident. Une fois les papiers de l'assurance signés, je le tuerai. Tu empocheras l'argent, et nous retrouverons notre vie d'avant.

— Nous ? Mais il n'y a pas de "nous". Regarde-toi… »

La lumière du lustre creusait les traits de son visage ; il était laid, minable, avec son pistolet à la main. Il lui donnait envie de crever autant que de rire. Il retourna l'arme contre lui, plaqua le canon sur sa tempe :

« Je te répugne, hein ? Pourtant, je t'aime… tellement… Je vais te le prouver en appuyant sur la détente.

— Ne te rate surtout pas. »

« Donat Prilukoff, veuillez vous lever, s'il vous plaît. Cette histoire d'assurance-vie, c'est votre idée ou celle de Maria Tarnowska ?

— Maria m'a fait comprendre qu'elle voulait que je la libère de Paul Kamarowsky. On s'est dit que je le tuerais avec un pistolet, puis que je me suiciderais. J'ai acheté deux volumes d'anatomie pour m'imprégner du corps humain, avant d'aller m'entraîner au stand de tir.

— Le 7 août 1907, vous avez aussi acheté pour quatre mille lires de poison. Que vouliez-vous en faire ?

— J'avais renoncé au pistolet. Je pensais empoisonner la pointe de mon poignard.

— Et puis, vous avez encore changé d'avis…

— Je me suis dit que, si je tuais Paul Kamarowsky, elle ne m'aimerait plus.

— D'où l'idée d'envoyer votre rival, Nicolas, faire la sale besogne… »

Passé la frontière autrichienne, le train reprit son élan. Derrière la vitre, les arbres bordant la voie n'étaient plus qu'un long trait de fusain sur un bleu charbonneux ; le jour tombait. Bercés par le ronronnement des roues sur les rails, les petits ressemblaient à ces chérubins endormis de Rubens, le visage tranquille de Grania reposant sur l'épaule de Tioka. Élise les couvrait d'un regard bienveillant. Dans la cabine voisine, Paul l'attendait.

« Ils dorment ?
— Comme des anges, chuchota Maria.
— Tu as l'air complètement ailleurs.
— Un rien m'épuise.
— Les voyages, cela fait toujours ça. Viens... »

Maria haussa les épaules, s'assit sans le regarder. Quand il prit sa main, elle ne réagit pas davantage. Mieux valait qu'il la voie telle qu'elle était, une âme malade. Seulement, Paul interprétait tout de travers. Il voyait dans sa froideur de la pudeur, dans sa fatigue, une vulnérabilité. Plus elle se dévoilait, plus il l'aimait.

« Dans une heure, nous serons à Vienne. Tu vas enfin rencontrer ma mère. Elle va t'adorer !

— Je ne veux pas qu'on m'adore. Ce que je veux…

— Je sais : c'est Tatiana… Le Saint-Synode finira par t'accorder le divorce, et nous pourrons l'accueillir.

— De toute façon… »

Elle articula lentement, tentant de retenir les mots et d'éviter le précipice dans lequel ils allaient tous les entraîner :

« Même divorcée, je n'ai aucune chance d'avoir la garde. Mes beaux-parents sont fortunés. Contre eux, je ne ferai pas le poids.

— L'argent ? C'est ça qui te tourmente ? Ni l'argent ni le statut ne sont un problème. Marions-nous !

— Paul, tu me proposes de me marier par intérêt ?

— Absolument, sourit-il.

— Et si le Saint-Synode refuse le divorce ?

— Tu as peur de manquer ? Tu n'as donc rien compris ? Je serai toujours là.

— J'ai peur de tout. Tout le temps.

— Je sais bien. »

Il posa sa main sur sa joue. Le geste était doux. Il réparait quelque chose. Elle renonça à lui demander quoi que ce soit, bascula la tête sur son épaule, repensa aux petits qui dans la cabine voisine dormaient.

« J'ai une surprise pour toi, Maria. Je voulais attendre qu'on soit arrivés, mais je te vois si mal.

Autant te l'annoncer tout de suite : ton avocat est venu me voir, l'autre jour.

— Qui ? Prilukoff ? sursauta-t-elle.

— Oui. Lui aussi est inquiet. Il m'a parlé de cette assurance-vie qui te mettrait à l'abri. À vrai dire, je ne comptais pas la signer. Une ligne m'interroge. Regarde, j'ai les papiers sur moi.

— Alors, ne signe pas.

— C'est juste que je ne comprends pas cette ligne spécifiant que tu toucheras l'argent si je meurs, *même en cas de mort violente*. Sur le moment, le terme m'a choqué.

— Oublions cette histoire d'assurance-vie, je te dis.

— Décidément, tu m'étonnes. Embrasse-moi. »

Elle l'embrassa. Pour de vrai. Pour croire au beau, au simple. Mais la main de Paul remonta sur ses seins, son souffle sur sa nuque. Il s'enflammait, et elle ne voulait pas de cette soif-là, pas avec lui. « Offre-moi tout de même un petit quelque chose », lui glissa-t-il. Elle se détacha de ses bras pour aller fermer le verrou puis se laver les mains. Elle le sentait qui attendait, tremblant presque, aimant trop. Elle revint, se mit à genoux et fit ce qu'elle avait appris. Sa jouissance fut un cri de surprise et de mort. « Tu fais de moi un homme heureux, tu sais. » Son pantalon reboutonné, Paul sortit de sa veste un stylo. Il posa la plume sur les papiers de l'assurance, les parapha, un par un. Elle frissonna en voyant l'encre noire pâlir en séchant.

L’hôtel Bristol où ils descendirent était d’une splendeur écrasante, semblable à l’antre glacé d’une église. Ses murs hauts, ses arcades, renvoyaient en écho les rires des enfants et les conversations des clients traversant le hall. Tioka et Grania couraient dans tous les sens, émerveillés. Sans attendre que l’on monte ses valises, Maria demanda sa clé au concierge. Une fois dans la chambre, elle se précipita dans la salle de bain pour se laver la bouche. De l’eau fraîche, encore et encore, qu’elle recracha dans l’évier. Elle s’assit ensuite sur le bord de la baignoire, hagarde, jusqu’à ce que Paul vienne frapper à sa porte.

« Maria, tout va bien ?

— Je suis fatiguée, finit-elle par réagir sans ouvrir.

— On t’attend au restaurant. Je voulais leur annoncer, “nous”, enfin, tu sais bien.

— Pas ce soir. Je vais aller dormir.

— Bon… bon. À plus tard, ma reine. »

*Oui, c'est ça. À plus tard. Profiter du silence. S'allonger sur le lit. Laisser la nuit entrer. Le bleu tranquille de la nuit. Se reposer. La morphine va aider.* Les yeux à peine clos, qu'on frappa à nouveau.

« Madame, j'ai un télégramme pour vous !
— Entre, Élise.
— Vous avez vraiment une sale mine.
— *Sale* ?
— Pardon, c'est pas ce que je voulais dire.
— Tu n'avais pas un télégramme pour moi ?
— Si, je l'ai mis dans ma poche. Je me suis dit que monsieur Paul n'était pas au courant.
— De quoi ?
— Ben...pour vous et monsieur Naumoff.
— Montre. »

*Je ne peux pas vivre sans toi. Je me sens étouffer. Maria, tu m'es nécessaire comme l'air... Prends ma vie avec ces baisers. Nicolas.*

« Tu as bien fait, Élise. Cet idiot va finir par se tuer pour prouver qu'il souffre. Je vais lui écrire de venir ici, à Vienne. Élise, sois gentille, va lui réserver une chambre à l'hôtel Universal, en face.
— Pas très prudente, cette histoire.
— Mêle-toi de ce qui te regarde.
— Ce que j'veux dire, c'est qu'on est bien avec monsieur le comte. Faudrait pas tout gâcher.
— Oui, eh bien, moi, c'est avec Nicolas que je suis bien. On se ressemble. »

Le lendemain passa, sans lumière ni ombre. Plane et prévisible comme les mesures d'une aiguille sur une montre. Neuf heures, le petit déjeuner et son faste. Onze heures, une balade sous la pluie. Treize heures, un déjeuner au restaurant de l'hôtel sans envie ni faim. Dans le hall, les enfants malmenaient les touches du piano entreposé en objet de décoration, tandis que Paul discutait avec le directeur au sujet du bal qu'il donnerait pour annoncer leurs fiançailles dans la salle de réception.

« Paul, je vais me reposer un peu.
— Faites, ma douce, je m'occupe de tout. »

Nicolas arriva par le train de seize heures. Comme convenu, il se faufila jusqu'à sa chambre, guidé dans les couloirs par Élise. Maria ne lui laissa pas le temps d'enlever son chapeau et ses gants. Ni de s'asseoir sur un fauteuil. Ni même de sourire. Elle lui annonça, avec un détachement forcé : « Paul m'a demandé de l'épouser. Je vais accepter. » Son corps frêle s'anima de spasmes. Il tomba à genoux. Embrassa le cuir de ses bottines, la soie de ses bas, pleura affolé dans ses jupons :

« Maria, tu m'avais dit oui !
— Enfin, ce n'était pas sérieux. Tu sais bien. »

Elle le releva, le serra contre elle, le berça presque :
« Tu bois trop, Nicolas. C'est pas bien. »
Sa détresse la décontenançait, contraire à l'arrogance du monde. Pas une once d'orgueil ne polluait ses émotions. Tout en lui était désordre. Il était son miroir. Son fragment de fragilité, indécente. Il était « elle » avant, cherchant à se faire mal pour se sentir vivante.

« Écoute, on reparlera de tout ça. Mais là, il faut que tu me laisses. Tu veux bien ?

— Tu vas épouser Paul ?

— Cela ne changera rien entre nous. »

Il quitta la chambre, perdu. À peine parti, il revint. Du moins, elle le crut.

« Ce n'est pas moi que tu attendais, on dirait.

— Donat, qu'est-ce que tu fais ici ? Tu vas nous suivre partout ? Comme un chien ?

— Doucement, Maria. Calme ! chuchota-t-il, en la poussant pour entrer. C'est dans ton intérêt que je dis ça. J'ai vu ton petit poète dans le couloir... Il est resté très exactement une heure trente dans ta chambre et sûrement dans ce lit.

— Va-t'en, Donat.

— Bien, je vais partir, mais avant, dis-moi, ton comte a signé l'assurance ?

— Non.

— Te moque pas de moi. Il me l'a télégraphié. Normal, après tout, je suis ton avocat. Tu as mis ton poète dans la confidence ?

— Laisse Nicolas en dehors de ça.

— Qu'est-ce que tu lui trouves, à ce malade ?

— Ah, parce que t'es pas malade, toi ? »

Il lui asséna une de ces gifles. Cela raisonnait fort dans ses tempes.

« Va-t'en ! Tu me fais horreur.

— Tu ne diras plus ça quand nous serons à nouveau riches. Au fait, ton comte a eu la délicatesse de m'inviter à votre soirée de fiançailles. Je te dis donc à ce soir ! »

Un corset cisaillant ses seins. Une traîne trop lourde. Des épingles à chignon griffant son crâne. Tandis qu'Élise terminait de l'habiller, Maria buvait, sans plaisir, sa coupe de champagne devant son reflet. Que cela finisse, et vite… Mais quoi ? À quelle facette de sa vie fallait-il mettre un terme ? Aucune d'elles ne lui donnait envie de poursuivre. Une brume traversée de fantômes, d'ombres, d'hommes et de mains la tirant, l'une après l'autre, à eux.

« Mon bel amour, soupira Paul, ta joue est toute rouge, on dirait qu'on t'a battue. Si tu te blesses encore dans les escaliers, je t'interdirai de les descendre toute seule.

— Je vais arranger ça. Élise, passe-moi la poudre derrière toi.

— Ne me cache rien.

— Quoi ? se retourna-t-elle.

— Ne me cache rien, j'aime tout. Et je t'aimerai vieille, laide et maladroite, comme tu es.

— N'importe quoi.

— Si, si. Même vieille, même laide… Mais là, il s'agit de te dépêcher, les invités ne vont pas tarder. »

La plupart des amis de Paul arrivèrent juste après l'Opéra. Qu'ils soient aristocrates, boutiquiers ou de vagues connaissances croisées un soir de fête, Paul les saluait par de belles poignées de main, une tape sur l'épaule et un sourire sincère qui mettait les plus désabusés en joie. Il exulta quand il aperçut Nicolas : « Tu as pu venir ? C'est merveilleux ! » Nicolas embrassa, mal à l'aise, la main de Maria et tourna aussitôt les talons, s'empressant de rejoindre le bar. « Il en pince pour toi, lui jeta Paul, complice. Comment lui en vouloir ? » Bientôt, une trentaine d'invités emplirent la salle du bourdonnement ininterrompu de leurs conversations. Mots, rires, éclats de voix s'entrechoquant, amplifiés par la hauteur des murs. Ils avaient tous l'air si heureux. Comment faisaient-ils ? Maria se sentait étrangère au moment, incapable de faire un pas vers eux. Paul avait beau la pousser à intégrer le jeu des civilités, elle n'écoutait que vaguement ceux qu'il lui présentait, s'arrêtant sur le mouvement de leurs lèvres, tantôt écarlates de fard, tantôt fines ou ridées. Un quatuor de violons ajoutait sa musique au brouhaha, accentuant la sensation de trop-plein, d'air raréfié.

« Ta mère n'est toujours pas là, Paul ?

— Elle m'a appelé. Maria, ne le prends pas mal, elle n'a pas pu venir. Si tu veux bien, attendons d'être tous réunis pour faire l'annonce de nos fiançailles dans les formes.

— Elle ne t'a pas donné son accord, n'est-ce pas ?

— C'est une question de jour.

— Je vois. »

Ainsi, ces lustres éclatants, cet étalage de chairs animales, humaines, ce bain de parfums à vous coller la nausée, tout ce fatras de civilités était un leurre. Aucune bague à son doigt, quels qu'en soient la taille et le prix, n'y changerait jamais rien. On la rejetterait. Elle se redressa, le port de tête exagérément droit pour être digne. Le sourire trop appuyé pour paraître naturel. Cela devait sauter aux yeux qu'elle n'était pas une femme comme il faut. La femme qu'il lui fallait. Et ce pianiste qui insistait… Ses doigts dévalaient le clavier. Une cavalcade, une chute. Même la musique la singeait.

« Ne sois pas si triste. Elle viendra à Venise, ça sera plus intime.
— J'ai besoin d'un verre.
— Je vais te le chercher.
— Non, non. Profite. C'est davantage ta soirée que la mienne, maintenant. »

Elle se tourna vers la seule personne dont le vernis avait depuis longtemps craqué. Les lèvres blêmes, Nicolas était accoudé au bar. Il n'allait pas tarder à tomber de sa chaise s'il continuait à boire. Eh bien, ils seraient deux ! Elle commanda pour eux une nouvelle bouteille de champagne.

« Qui t'a abîmé le visage, Maria ?
— Ce n'est rien.
— Pourquoi tu ne lui réponds pas ? s'imposa Donat, lui arrachant la bouteille des mains pour les resservir.
— Nicolas, je te présente mon avocat, Donat Prilukoff.

— Qui t'a abîmé le visage ? s'énerva Nicolas, frappant le bar du poing.

— Enfin, Maria, tu ne lui as pas dit ? ajouta Donat. Eh bien, cher Nicolas : Paul a eu vent de vos petits rendez-vous clandestins.

— Je ne vous permets pas, se leva Nicolas, les joues en feu.

— Rasseyez-vous. Maria et moi sommes de vieux amis qui se disent tout. Bref, Paul n'a pas apprécié que sa fiancée vous voie “d'un peu trop près” cet après-midi. Maria s'est pris une de ces raclées !

— Qu'est-ce que tu es en train de faire, Donat ? s'interposa Maria… Ne l'écoute pas, Nicolas, il raconte n'importe quoi.

— Oh non, c'est vrai. Il l'a frappée. La prochaine fois, Dieu sait comment ça finira. Et c'est de votre faute, Nicolas, de votre faute !

— Ma faute ? Si Paul t'a frappée, je te vengerai, je te jure que je le tuerai !

— Tais-toi, Nicolas.

— Mais non, s'empressa de répliquer Donat. Il a raison, c'est une question l'honneur. Mon petit, savez-vous seulement tirer ?

— Je n'ai pas d'arme.

— Prenez. Je vous donne la mienne. Vengez-la ! Pas ce soir, mais demain, Paul rentre par le premier train à Venise, vous avez son adresse…

— Arrête ça, Donat, répéta Maria, peinant à garder les yeux ouverts sous l'effet de l'alcool et des drogues.

— Ah, Nicolas, les femmes ne comprennent rien à l'honneur. Vous, si. Je le vois dans vos yeux. Digne. Sans concession ! »

Donat remit l'arme à Nicolas. Celui-ci hésita, puis planqua le pistolet dans la poche de son pantalon. Le canon de fer qu'il sentait sous ses doigts, ferme, puissant, pesant dans sa poche jusqu'à en déformer le tissu, était à lui seul tout ce qu'il avait toujours voulu être aux yeux des autres et, plus encore, à ses propres yeux : un héros. Oui, plus viril que ses bras frêles, plus noble que ses failles. Un chevalier, comme ses ancêtres. Un protecteur pour la femme qu'il aimait. Maria devinait cette soif d'estime qui, tout à coup, circulait en lui, identique à la jalousie de Vassili, au désir de Stahl. Cimetière d'amours lasses dont les cadavres s'enlisaient dans sa traîne. « Je vais le tuer, Maria, tu entends ? » Elle détourna les yeux. Les violons enrayaient ses pensées. Les rires des enfants brouillaient les pistes. Elle n'arrivait plus à suivre. Ni la silhouette de Paul se perdant entre les vestes sombres, les dentelles. Ni celle de Donat qui, tel un mirage, apparaissait, disparaissait devant elle. Menace informe, rôdant, toujours, prête à mordre.

« C'est vous les monstres… C'est nous…

— Qu'est-ce que tu dis ? demanda Nicolas, sans comprendre.

— Je ne veux plus qu'on me touche. Débarrasse-moi d'eux.

— … Je ne sais pas. Maria…

— Dégage, alors. Repars à Venise… Je suis fatiguée de vous. »

Elle traversa la salle, chavirant sur les tables. Comme ils dansaient tous ! Pantins en mouvement. Masques souriants. Ha, ha ! Le tourbillon de l'espoir jusqu'à la chute ! Stefan devait être là quelque part, à la chercher. Elle s'avança pour le trouver, mais une main l'attrapa par les hanches. Paul la faisait tourner, parlait. Sa barbe griffant son cou. Son haleine se mélangeant avec les vapeurs d'eau de Cologne. En fermant les yeux, elle bascula des bras de Paul à ceux de Donat… de Nicolas… de Stahl, regard révulsé se collant un pistolet dans la bouche… Pourquoi éteint-on les lustres ?

« Je m'occupe d'elle, laissez-nous passer ! »

Tel un cinématographe déroulant sa bobine trop vite, les visions se succédèrent à toute allure. Le trou noir et purulent dans la joue de Stefan.

« On va la monter dans sa chambre. »

La petite Tatiana, hoquetant dans ses bras alors que la lumière se balance, éclaire les bris de verre sur le sol de leur cuisine à Kiev. *Je vois… je vois… deux hommes. L'un sera ta perte, l'autre, ta planche de salut,* répète en boucle la bohémienne en lui tirant la main, sans vouloir la lui rendre.

« Aidez-moi à la tenir, il faut ouvrir son corsage, elle a du mal à respirer. »

Nicolas, à genoux, dos nu, elle le fouette jusqu'au sang… Non, non ! Donat s'avance avec une paire de ciseaux… il va lui taillader le visage !

« Ne criez pas, madame, je m'occupe de vous. Monsieur Paul, donnez-moi sa morphine, là, dans la commode. Voilà, c'est bien, madame, reposez-vous maintenant. »

Tiens, l'air est plus doux. Le soleil haut. Tendre. Avec qui parlent-ils ? Grania et Tioka discutent avec une petite fille… sous le grand châtaignier, à Poltava… Visages effacés par le va-et-vient des traînes passant devant eux. Elle est en robe d'été. Une tresse brune sur l'épaule et de grands yeux sombres. Ils l'encerclent, se serrent contre elle… Il ne faut pas ! L'enfant baisse la tête, honteuse. Elle l'appelle. Maria attrape cette petite main fraîche, la sent contre sa joue.

« Maman, tu vas mieux ?

— Tioka ?

— Maman, Paul revient tout de suite. Il parle avec le médecin.

— Non, non, Tioka, ferme bien la porte, à clé, surtout. Je ne veux pas que ton père vienne te chercher.

— Pleure pas, maman. Cela me fait de la peine.

— Mais je ne pleure pas, enfin ! Je dors. »

Sur les conseils du médecin, il trempa un linge de coton pour le poser sur son front. Elle adora ça : être réveillée par la paume chaude de sa main, ses iris bleus la fixant. Elle aima son inquiétude, le désordre de ses émotions habitant sa voix lorsqu'il s'adressa à elle.

« Ma petite Mura, tu nous as fait une de ces peurs, hier. Qu'est-ce qui s'est passé ?

— Je ne sais pas.

— Ma douce, il faut que tu lèves un peu le pied sur la morphine. Je vais t'y aider. On va y arriver, ensemble. En attendant, tu n'es pas en état de voyager ce soir. Je repousse mon retour à Venise.

— Non, non, Paul. Je vais me reposer quelques jours ici. Je te rejoins plus tard.

— Tu es sûre ?

— Oui. Paul, qu'est-ce que tu caches dans ta main ?

— Bah, je me sens bête, maintenant. Je voulais te le remettre hier soir.

— C'est quoi, un carnet ?

— Je l'ai écrit pour toi. Je te le donne, mais à une condition : lis-le quand je serai parti.

— À quelle heure est ton train ?

— Dans une heure.

— File. »

*Mura, regarde-moi dans les yeux et tu liras tout ce qui est dans mon cœur. Tu liras que je suis triste, car je ne te vois pas pleinement heureuse. Tu liras que je ferai tout ce que tu voudras. Les années passeront, et tu verras, ceci et rien d'autre disent mes yeux : je t'aime.*

*Si ce carnet avec toutes ses excentricités te semble ridicule, détruis-le. Découpe-le en petits morceaux de papier et laisse le vent les emporter partout. Ils voleront.*

*L'un ira à Vienne et te dira : je t'aime ; un autre ira à Kiev, à Moscou, à Venise et leur dira à tous : je l'aime ; et partout et en tout lieu, ils sauront, tu sauras : je t'aime.*

Le juge referme le carnet du comte. Son regard pèse sur la salle d'audience, obligeant le public comme les jurés à s'imprégner du silence. Les mots de Paul occupent encore l'espace. *Découpe-le en petits morceaux et laisse le vent les emporter partout. Ils voleront.* Maria se rappelle maintenant le carnet, mais elle ne parvient pas à se souvenir si elle l'avait lu. Lui revient l'image fugace de Paul souriant avant de refermer la porte de la chambre d'hôtel. La lumière beige du jour passant entre les rideaux tirés. Il lui semble, à l'instant, que les petits morceaux de papier tournoient tout autour d'elle. S'envolent, les uns s'échappent entre les fenêtres du tribunal, d'autres l'effleurent, se posent sur son épaule ou échouent, par dizaines, par centaines à ses pieds. Ils sont partout. Elle ne pourra plus marcher.

Le procureur marque une longue pause avant d'ordonner à Donat de se lever. Celui-ci se redresse, la peau marquée par l'eczéma. Il tire sur les manches de sa chemise, cache ses poignets.

« Monsieur Prilukoff : hier, vous avez essayé de vous tuer. Pourquoi ?

— Je ne vois aucun moyen de réparer le mal que j'ai fait. À mes enfants et à d'autres personnes.

— Au comte ?

— Je voulais dire : aux clients que j'ai volés.

— Et à Nicolas Naumoff, que vous avez poussé au crime ?

— Je ne suis pas le seul… Nous étions d'accord avec Maria…

— Voilà qui est dit ! Vous pouvez vous rasseoir. Monsieur le juge, j'aimerais revenir à cette soirée lors de laquelle Nicolas Naumoff a été manipulé. Levez-vous, jeune homme. »

Nicolas s'appuie sur l'estrade, la nuque comme brisée ; relever la tête lui coûte, en peur, en peine.

« La comtesse Tarnowska vous a dit de vous servir d'un pistolet ?

— Oui.

— Vous le soutenez ?
— Oui.
— Vous entendez, Tarnowska ?... Vous a-t-elle dit de la débarrasser du comte Kamarowsky ?
— Oui, monsieur, oui.
— De prendre ce train pour Venise ?
— Oui.
— Et de jeter l'arme après le meurtre ?
— Oui.
— Vous avez essayé de vous rebeller quand l'effet de l'alcool s'est atténué ?
— Oui.
— Et elle a été cruelle ?
— Oui.
— Vous le soutenez ?
— Oui, oui ! Je me suis calmé et me suis rebellé !
— Vous entendez, Tarnowska ? Elle vous a rempli la tête avec les sacrifices de ses amants, Stefan, Stahl... en vous faisant comprendre que, si vous ne passiez pas à l'acte, elle épouserait le comte. Poursuivons : vous a-t-elle dit d'attendre Kamarowsky en embuscade près de son palais à Venise ?
— Oui.
— Ce n'est pas vrai ! souffla Maria. Nicolas, comment peux-tu te souvenir de choses qui n'existent pas, qui sont contre moi et ne sont pas contre toi ?
— Que puis-je dire de plus contre moi, Maria ? J'ai tué ! »

Le procureur ne relève pas. Inutile. La détresse d'un assassin vaut toutes les plaidoiries. Il se contente d'attraper le dossier sur son pupitre. S'apprête à asséner à Nicolas comme à Maria le coup de grâce. Il le sait et, au fond, le déplore.

« Monsieur le juge, messieurs les jurés, je vais vous lire la déposition de Paul Kamarowsky. Son témoignage a été recueilli par un inspecteur sur son lit d'hôpital, à Venise. Écoutez bien cette voix venue d'outre-tombe. Elle raconte le déroulement des faits de ce mercredi 4 septembre 1907, mais pas seulement. Elle nous dit quel homme était Paul Kamarowsky. Il a aimé l'ami, la femme et les a protégés, jusqu'à son dernier souffle :

*Un télégramme m'avait averti, la veille, qu'un Russe voulait attenter à ma vie. Je n'y ai pas prêté attention.*

*À sept heures du matin, mon majordome m'a informé que j'avais une visite. J'ai enfilé ma robe de chambre. Alors que je me dirigeais vers le petit salon, j'ai reconnu Nicolas Naumoff. Je lui ai ouvert les bras. Il a aussitôt sorti son pistolet et a tiré plusieurs coups. Trois, peut-être cinq. L'un a traversé mon ventre, l'autre a atteint l'épaule. Je me suis réfugié dans la chambre voisine, puis j'ai rampé jusqu'aux escaliers, où il m'a suivi.*

*"Tu ne dois pas épouser Maria", pleurait-il.*

*J'ai dit : "Nicolas, tu n'as pas pensé à Grania ? Mon fils n'a déjà plus de mère, et tu lui prends son père !"*

*Nicolas s'est assis sur les marches, m'a pris dans ses bras. Il est resté plusieurs minutes sans parler, puis m'a demandé pardon. En entendant des bruits venant de la chambre, je lui ai dit :*

*"Ne reste pas ici. Fuis ! Fuis !"*

Nicolas se cache derrière ses mains. On ne voit plus que ses épaules, ses sanglots secouant sa veste trop grande pour lui. Le juge hésite à s'approcher, par compassion, mais s'abstient et s'adresse à Maria :

« Madame, relevez la tête : le comte dit avoir reçu un télégramme, anonyme, l'avertissant qu'il était menacé. Était-il de vous ? C'est le moment ou jamais de parler. »

Maria sourit. Pas au juge. Encore moins aux jurés. Pas même à son père, incapable de saisir un mot de ce qui se dit, les yeux dans le vide depuis des semaines. Mais à lui, là, assis au deuxième rang, avec la flopée de médecins. Le professeur Weiss la dévisage. Il espère. Elle lui sourit encore.

« Madame ?

— Je ne me souviens pas.

— Très bien. Monsieur le procureur, vous pouvez poursuivre.

— Je voudrais attirer votre attention sur la suite de l'audition de la victime. Quand le policier a demandé au comte pourquoi, selon lui, Nicolas Naumoff voulait le tuer, il a dit : *J'aime une dame russe, dont je tairai le nom. Nous sommes sur le point de nous marier. Nicolas en est, lui aussi, amoureux. Il l'a, je crois, demandée en mariage. Elle lui aura répondu que c'est moi qu'elle aimait ! C'est pour cela qu'il est venu à Venise me tuer.* Une réponse surprenante, n'est-ce pas ? Il était au courant des infidélités de sa fiancée... sans même lui en vouloir. Madame Tarnowska, dès son arrivée à l'hôpital, à neuf heures du matin, Paul Kamarowsky vous télégraphiait : *Naumoff m'a tué – Viens !* Lui avez-vous répondu ?

— Non.

— À midi, désolé de ne pas recevoir de réponse, il vous fait envoyer un deuxième télégramme : *Au nom du Ciel, quand arrives-tu ? Je suis blessé gravement.*

— Oui... oui.

— Vous n'êtes pas partie tout de suite ?

— Je ne suis partie que le surlendemain.

— Comment l'expliquez-vous ?

— Je ne l'explique pas.

— Peut-être attendiez-vous sagement qu'il meure pour toucher l'argent ? Poursuivons ! J'appelle à la barre le docteur Cavazzani, de l'hôpital de Venise. Docteur, vous avez assisté à l'agonie de la victime. La présence de Maria Tarnowska auprès de lui aurait-elle changé quelque chose ?

— On ne le saura jamais. La blessure n'était pas si grave. Il avait une chance d'en réchapper. Mais, en deux jours, son état s'est aggravé. Alors, pour le forcer à garder les yeux ouverts, à rester conscient, je lui ai dit, par surprise : “Madame Tarnowska est arrivée !”

— Et ?

— Et… ses yeux se sont mis à briller. Il s'est aussitôt retourné vers la porte de sa chambre en disant : “Où ? Où est-elle ? Je veux la voir !” Ce furent ses derniers mots.

— Je n'ai plus de questions, monsieur le juge. »

Une ombre ondule sur le drap suspendu, dans le coin de sa cellule, telle une présence. Elle voyage doucement sur les murs. Maria la suit des yeux et s'attarde sur le miroir. S'y reflètent une photo de Tatiana et Tioka, prise lors d'une promenade à Kiev ; la carte postale de Marie Madeleine offerte par Grania ; et le portrait de Paul.

« Est-il de vous ? Le télégramme envoyé la veille au comte ? »

Pauvre professeur Weiss, il ne sait pas quoi faire de ses mains, qu'il serre ; sa voix tremble.

« Maria, l'avez-vous averti ? Vous ne me répondez pas… »

Comme elle l'envie. Il est encore capable d'espérer en l'autre. De s'indigner. De pleurer la mort d'un inconnu. Ce qu'elle aimerait, là, maintenant, c'est le toucher. Du bout des doigts. Lui prendre un peu de cette émotion pour raviver la sienne. Être émue, de la même façon qu'elle l'était au lever du jour, sur leur jardin, à Poltava, par le parfum de la lavande et l'orangé de l'aube. Être, encore une fois, émue par la musique de la rivière frôlant la rive, alors qu'elle s'était assoupie, Tatiana reposant sur sa poitrine. Être hantée, comme l'était Vassili, par la culpabilité d'avoir tué. Ça, oui, elle aimerait bien.

« Bon sang, mais revenez dans le présent ! Ici, à Venise, dans votre cellule. Maria, regardez-moi. n'avez-vous donc pas compris à quel point cet homme-là vous aimait ?

— Non… non… ce n'est pas moi que Paul aimait, mais une poupée de foire. Une extravagance. Jamais il ne m'aurait aimée telle que j'étais s'il avait su. Seul Stefan m'a aimée. Il savait pour les bordels, m'avait vue à terre, sale, touchée. Il m'aimait, et on me l'a tué. Qu'est-ce que vous notez, encore ?

— *Assassiner le présent, pour vivre au passé.*

— Il n'y avait pas de présent. Quand Paul m'a rencontrée, il était trop tard. J'étais déjà morte. »

Le professeur sort plusieurs pages d'une enveloppe, glissée dans sa sacoche. Il poursuit, presque inaudible, l'émotion feutre sa voix :

« Cette lettre vient du dossier d'instruction. Paul Kamarowsky l'avait écrite dans le train pour Venise. Elle vous était destinée. L'aviez-vous lue avant que Nicolas ne le tue ?

— À quoi bon ?

— L'aviez-vous lue ? répète-t-il, en la lui tendant.

— Vous pleurez ?

— Oui, je pleure. Car si vous l'aviez lue, portant enfin votre petite Tatiana dans vos bras, apaisée, libérée des drogues et du dégoût, à l'heure qu'il est, il serait vivant. Vous l'auriez sauvé. Peut-être même aimé, chuchota-t-il, tout en déposant la lettre sur ses genoux, avant d'en faire la lecture à haute voix :

*Mura, mon tout.*

*Ma mère a béni nos fiançailles ! Le jour de notre mariage, je ferai un testament, où tu verras que je laisse à Tioka, comme à Tatiana, 50 000 roubles. Toi, ma joie, sache que, même si tu étais venue avec une chemise, tu serais entrée dans ma famille à bras ouverts.*

— Je ne savais pas qu'on pouvait m'aimer, murmure-t-elle.

— *Ne crois pas que seul Stefan t'aimait tant et soit capable de te donner sa vie. Même ton Kamarowsky t'aime jusqu'à tout oublier. Je ne t'ai jamais considérée comme ma maîtresse, et ta vie passée ne me regarde pas. Tu dois y mettre une croix et, à partir de ce moment, tu dois commencer une autre vie. Tu renais à nouveau.*

— Taisez-vous…

— *Nous avons assez souffert tous les deux et nous avons le droit d'être heureux.*

*Nous serons donc heureux.*

— S'il vous plaît… Ça suffit. »

*21 mai 1910, tribunal de Venise*

La chaise en contrebas de l'estrade est vide. L'avocat de Maria ne viendra pas entendre la sentence. Il a prévenu la presse : « Je n'ai pas la force de voir des gens se faire tuer. » La force qu'il n'a pas, d'autres l'ont. Des dizaines de parapluies déployés tapissent de noir la place devant les grilles du tribunal. Un essaim de curieux, les pieds dans la boue. Depuis l'aube, il pleut. Des rafales secouent les murs de la salle d'assises, font trembler les vitraux dont la lumière rouge tombe sur les quatre accusés. Les spectateurs sont nombreux : c'est jour de mise à mort, les jurés viennent de délibérer. Maria se tourne vers Nicolas. « Courage… Tu veux prendre ma main ? » Main qu'il saisit, ânonnant : « Pardon pour le mal que je t'ai fait. » Le juge décachette le document remis par le premier juré, le fait signer par le président du tribunal, le passe au chancelier, qui, à son tour, appose sa signature et se lève :

« Élise Perrier, vous êtes jugée non coupable de complicité d'homicide.

Nicolas Naumoff, vous êtes reconnu coupable d'homicide avec préméditation sur la personne de Paul Kamarowsky. Considérant les circonstances atténuantes d'infirmité mentale, la cour vous condamne à trois ans et un mois, de sorte, monsieur, qu'ayant purgé votre peine, vous êtes un homme libre. »

On applaudit.

« Donat Prilukoff, vous êtes reconnu coupable de complicité d'homicide avec préméditation sur la personne du comte Kamarowsky, dans le but de voler la prime d'assurance de cinq cent mille roubles. La cour vous condamne à dix ans de prison ferme. »

On siffle. C'est son tour.

« Madame Maria Tarnowska, née O'Rourke, vous êtes reconnue coupable de complicité d'homicide avec préméditation sur la personne du comte Kamarowsky. Considérant les circonstances atténuantes de folie partielle, vous êtes condamnée à huit ans et quatre mois ferme, que vous purgerez à la prison de Trani. »

Son père ferme les yeux. Cette fois, il a compris.

Elle, n'entend plus. N'est pas certaine d'avoir envie de vivre.

« Sœur Modestina ?

— Oui, ma petite.

— Tu feras suivre le courrier à la prison de Trani, des fois que Tatiana m'écrive là-bas ?

— Bien sûr.

— Où est Tioka ? Dans le jardin, sur la balançoire ?

— Enfin, vous savez bien, il est reparti à Poltava, avec votre père.

— C'est maman qui va être contente de le voir. Ah, oui : si Stefan vient me chercher, tu lui diras…

— Qui ça ?

— Vassili, enfin ! Maman, tu ne te souviens pas de Vassili ?

— Maria, vous vous sentez bien ? »

Elle pousse les vêtements de Maria pour se faire de la place à côté d'elle, sur le lit. Une fois assise, elle lui prend la main. « Votre malle ne pourra pas tout contenir, Maria. Je vais vous aider à trier. » Il y en a partout. Un charnier de souvenirs. Des robes, des dessous, en pagaille sur la chaise. Des flacons à moitié vides dont le parfum de violette, de musc et de patchouli a viré en un liquide sirupeux et brun s'accrochant aux parois. Les revues de mode entassées pêle-mêle. Et puis, toute cette paperasse ! Les dossiers, les auditions, les coupures de presse tapissent le sol. La sœur se penche, en pose quelques-uns sur ses genoux, pour commencer à classer. Il faut choisir ce que le temps effacera, ce qui restera d'elle. Pas grand-chose, au fond. Un livre de Stefan. La photo des petits dans le parc de Kiev. Le collier de Marie Stuart qu'elle garde à son cou. Maria la regarde faire. Jusqu'à ce que la sœur tire de ce tapis de papiers une feuille de la taille d'un marque-page. L'original d'un télégramme daté du 3 septembre 1907. Veille du meurtre. Il porte une écriture serrée et maladroite.

*Destinataire : Paul Kamarowsky, piazza Santa Maria del Giglio. Venise. Italie. « Un homme russe cherche à vous tuer. Faites attention. N'ouvrez à personne. »*

« C'est important ? l'interroge la sœur, sans comprendre un traître mot de ce qu'elle a sous les yeux.

— Non, non, donne. »

Maria déchire le télégramme en petits morceaux. Les place dans le creux de sa main, va appuyer son front contre les barreaux de la fenêtre et les jette dans le vide… *laisse le vent les emporter partout. Ils voleront… L'un ira à Vienne et te dira : je t'aime ; un autre ira à Kiev, à Moscou, à Venise…* Portés par la brise, certains échouent sur la berge. D'autres se posent sur l'eau, dérivent. Sous la lumière pâle de la pluie, ils longent la rive, passent à proximité d'un majestueux goéland perché sur l'une de ces amarres en bois bordant la lagune. Sans doute les derniers morceaux vont-ils flotter encore un peu, remonter le Grand Canal jusqu'au niveau du tribunal. Là, on repousse à grands coups de balai les tickets d'entrée délavés qui jonchent encore la place. En partant, la foule a, dit-on, laissé derrière elle des parapluies brisés ; un fard à lèvres ; la voilette d'un chapeau ; et même un escarpin. Six heures. Déjà, les premiers commerçants déploient leurs tréteaux. Le vendeur de journaux coupe de son canif les fils retenant l'édition du matin. Au premier passant, il crie les gros titres : « *Une mauvaise femme !*, *Une mauvaise femme !* qui veut ? »

Libérée en 1915 de la prison de Trani, Maria Tarnowska mourra le 23 janvier 1949, à Buenos Aires, sans jamais avoir revu sa fille, Tatiana.

# NOTES BIBLIOGRAPHIQUES

*L'Illustration, journal universel*, mars 1910, p. 294.

*Le anime criminali* ; Gino Bertolini, Istituto veneto di arti grafiche editore, Venezia, 1914.

*Le Procès de Maria Tarnowska, un scénario inédit* ; M. Antonioni, A. Pietrangeli, G. Piovene, L. Visconti, éd. Il Castoro, Musée national du cinéma, 2006.

« *Circe a Venezia* » ; Lietta Tornabuoni, *L'Espresso*, 6 juin 1965, p. 12-13.

*Charme, déshonneur et mort, histoire de Maria Tarnowska, l'ensorceleuse* ; Giovanni Della Mora, sous la direction du professeur Claudio Povolo, Université Ca Foscari, Venise, 2015-2016.

*Romy au fil de la vie* ; David Lelait, éd. Payot, 2002.

# REMERCIEMENTS

Merci à la précieuse Alice d'Andigné, pour son regard et son amitié. À Mauro Gioia, pour son amour ; Eva Dittura, pour sa justesse malicieuse. Gianluca Foglia et René Ceccatty, pour leurs conseils. Sophie Jarreau, Hélène Grémillon, Emmanuel Mûrier ainsi qu'à l'équipe des éditions Robert Laffont, pour leurs bienveillances souriantes. Et surtout à Anouchka Roels, dont le souvenir tourmenté et passionné inspire ces pages.

Composition : Soft Office

Imprimé en France par
CPI Brodard & Taupin
en mars 2024

N° d'édition : 65154/01 – N° d'impression : 3055787